Jörg Krampe / Rolf Mittelmann

Rechenspiele für die Klasse 2

Kopiervorlagen

Auer Verlag GmbH

Gedruckt auf umweltbewusst gefertigtem, chlorfrei gebleichtem
und alterungsbeständigem Papier.

1. Auflage. 1999
Nach der Neuregelung der deutschen Rechtschreibung
© by Auer Verlag GmbH, Donauwörth. 1999
Alle Rechte vorbehalten
Gesamtherstellung: Ludwig Auer GmbH, Donauwörth
ISBN 3-403-0**3113**-6

Jörg Krampe/Rolf Mittelmann

Rechenspiele für die Klasse 2

Kopiervorlagen

Sehr geehrte Damen und Herren,

im Zuge der Einführung des Euro haben wir für Sie dieses Werk auf Euro und Cent umgestellt und die in einigen Spielen genannten Preise aktuell angepasst.

Folgende Seiten wurden auf den Euro umgestellt und liegen diesem Werk bei:

Seite 99: Bilder aus Punkten
Seite 100: Lösungsblatt zu Bildern aus Punkten

Seite 103: Ja-Nein-Spiel
Seite 104: Lösungsblatt zum Ja-Nein-Spiel

Seite 105: Rechnen und Ausmalen
Seite 106: Lösungsblatt zum Ausmalblatt

Seite 107: Rechenfeld
Seite 108: Lösungsblatt zum Rechenfeld

Inhalt

Lerninhalt	Aufgabentyp	Spielform	Seite
Zahlbereich bis 100 – Erweiterung des Zahlenraumes	Zahlenfolge von 1 bis 100	Bilder aus Punkten	7
	Zehner und Einer	Domino	9
	Zehner und Einer	Ausmalen	11
	Größerer Nachbarzehner	Ja-Nein-Spiel	13
	100er-Feld	Bilder aus Punkten	15
– Addition/Subtraktion[1] *ohne* Überschreitung, <u>ein</u>stellig	ZE + E	Bildpaare	17
	ZE − E	Bilder aus Punkten	19
	ZE ± E	Geheimschrift	21
	ZE ± Z	Ausmalen	23
mit *Erreichen* der Zehnerzahl, <u>ein</u>stellig	ZE + E = Z / Z − E = ZE	Puzzle	25
	□ + E = Z / Z − □ = ZE	Domino	27*
mit Zehnerüberschreitung, <u>ein</u>stellig	ZE + E	Puzzle	29
	ZE − E	Domino	31
	ZE ± E	Ausmalen	33
	ZE ± E	Domino	35
ohne Zehnerüberschreitung, <u>zwei</u>stellig	ZE + ZE / ZE + □ = ZE	Ausmalen	37*
	ZE − ZE	Geheimschrift	39
	ZE ± ZE	Puzzle	41
mit Überschreitung, <u>zwei</u>stellig	ZE + ZE	Bilder aus Punkten	43
	ZE + ZE	Ausmalen	45
	ZE − ZE	Ausmalen	47
	ZE ± ZE	Zahlengitter	49*
mit Erreichen der 100	Ergänzen bis 100	Puzzle	51
	Ergänzen bis 100	Domino	53*
– Verdoppeln und Halbieren	Verdoppeln und Halbieren	Kreuzzahlrätsel	55
	Verdoppeln und Halbieren	Bilder aus Punkten	57
– 1 × 1[2]	mit 2, 4, 8	Domino	59
	mit 2, 4, 8, 5, 10	Puzzle	61
	mit 3, 6, 9	Ausmalen	63
	mit 7	Ausmalen	65
	mit 4, 8, 3, 6, 9, 7	Quartett	67

* Spiel mit Differenzierungsangebot

[1] Zur Addition und Subtraktion bis 100 ist im Auer Verlag ein spezielles Themenheft mit 50 Spielen als Kopiervorlage erschienen: Rechenübungsspiele zur Addition und Subtraktion bis 100, **Best.-Nr. 2151**.

[2] Zum 1 × 1 und zum 1 : 1 ist im Auer Verlag ein spezielles Themenheft mit 50 Spielen als Kopiervorlage erschienen: Rechenübungsspiele zum 1 × 1, **Best.-Nr. 1938**.

Lerninhalt	Aufgabentyp	Spielform	Seite
	mit allen Reihen	Kreuzzahlrätsel	69*
– 1 : 1	durch 2, 4, 8	Felder belegen	71
	durch 3, 6, 9	Puzzle	73
	durch 3, 6, 9	Ja-Nein-Spiel	75
	durch alle Zahlen	Würfelspiel	77
	durch alle Zahlen	Domino	79
	durch alle Zahlen	Ausmalen	81
	durch alle Zahlen	Würfelspiel	83*
– 1 × 1 und 1 : 1	mit 7	Geheimschrift	85
	mit 5, 6, 7, 8, 9	Quartett	87
	mit allen Reihen	Domino	91
– 1 × 1 und 1 : 1 mit ± E	mit allen Reihen	Kreuzzahlrätsel	93
	mit allen Reihen	Domino	95
	mit allen Reihen	Ausmalen	97
– Größen und Sachrechnen	Ergänzen zu 1 DM bzw. zu 1 m	Bilder aus Punkten	99
	Addieren mit h und min	Rechenschlange	101
	Multiplizieren und Dividieren mit DM	Ja-Nein-Spiel	103
	Sachaufgaben (Geld)	Ausmalen	105
	Sachaufgaben (Stück, Geld, Länge, Zeit)	Rechenfeld	107

* Spiel mit Differenzierungsangebot

Zur Einführung

Die „Rechenspiele für die Klasse 1" enthalten 40 Spiele, die zu den gängigen Lerninhalten der ersten Jahrgangsstufe jeweils diverse Angebote machen. Dabei wurden neun verschiedene Spielformen verwendet, deren **Spielregel** jeweils auf der Spielrückseite **mit den Lösungen** abgedruckt sind.

Auf einigen Seiten sind zwei Spiele untergebracht. Die Lehrperson hat damit die Möglichkeit einer **Differenzierung**: Anspruchsvollere Lernspiele sind durch ein * gekennzeichnet.

Die **theoretische Grundlegung** und ihre methodisch-didaktische Aufbereitung, die durch zahlreiche Beispiele und Stundenvorbereitungen illustriert wird, findet der Leser im Buch „Schülergerechter Mathematikunterricht in den Klassen 1/2", erschienen im Auer Verlag (Best.-Nr. **1456**).

Außerdem sind dort die ausführlichen Spielanleitungen mit diversen Variationsmöglichkeiten und zahlreiche Spiele für das **5-/10-Minutenrechnen** zusammengestellt.

Eine Übersicht über alle lieferbaren Titel unseres Rechenspiele-Programms finden Sie am Ende des Buchs.

Spielanleitungen

(Lösungsbilder und Einzelhinweise befinden sich auf den Rückseiten der entsprechenden Kopiervorlagen)

Ausmalen
Material: Spielplan, ein oder mehrere Farbstifte

Ablauf:
- Aufgabe(n) lösen
- die Ergebniszahlen im Bildteil aufsuchen und nach Anweisung einfärben

Kontrolle: durch Vergleich mit ausliegendem Lösungsblatt (bei einfarbigen Bildern auch Selbstkontrolle durch entstehende Figur)

Tipp: Das vorgegebene Lösungsbild sollte vom Lehrer gegebenenfalls ausgemalt werden, um den Vergleich zu erleichtern.

Bilder aus Punkten
Material: Spielplan

Ablauf:
- Aufgaben lösen
- Bildpunkte nach Anweisung bzw. in der Reihenfolge der zugeordneten Ergebniszahlen verbinden

Selbstkontrolle: ein Bild

Tipp: ausmalen

Bildpaare
Material: Spielplan

Ablauf:
- gegebenenfalls Einzelbilder ausschneiden
- Aufgaben lösen
- je 2 Bilder entsprechend der Lösung zuordnen durch eine Linie bzw. nebeneinander aufkleben

Selbstkontrolle: Je 2 Bildmotive gehören zusammen.

Domino
Material: Dominoteile (Rechtecke oder Kreisstücke)

Ablauf:
- Dominoteile ausschneiden
- gekennzeichnetes erstes Kärtchen heraussuchen (enthält links keine Lösungszahl – beim Kreisdomino nicht vorhanden) und Aufgabe lösen
- neues Teil mit passender Lösungszahl rechts anlegen und neue Aufgabe lösen usw.

Selbstkontrolle: gekennzeichnetes letztes Teil (bei Kreisdomino: Bild oder Lösungswort)

Felder belegen
Material: Spielplan, je Spieler ein Buntstift

Ablauf:
- abwechselnd Aufgabe aus der Tabelle auswählen und Ergebnis eintragen
- in der Ergebnisleiste an passendem Platz einen Strich zeichnen
- wechselweise so weiter verfahren, bis die Tabelle vollständig belegt ist
- Ergebnisfelder können mehrfach besetzt (markiert) werden. Sie „gehören" dem Spieler, der den letzten Strich zeichnet.
- Gewinner ist, wer die meisten Ergebnisfelder „besitzt".

Tipp: Soll der Spielplan mehrfach verwendet werden, benutzt man zur Felderbelegung verschiedenfarbige stapelbare Spielmarken, z. B. Steckwürfel oder Wendeplättchen.

Geheimschrift
Material: Aufgabenblatt mit Schlüssel

Ablauf:
- Aufgaben lösen
- den Ergebniszahlen nach Schlüssel Buchstaben bzw. Wörter zuordnen

Selbstkontrolle: Lösungswort bzw. -zahl

Ja-Nein-Spiel
Material: Spielplan

Ablauf:
- Aufgabe in den Quadraten bzw. Kreisen lösen
- den Pfeilen folgen
- Buchstaben bzw. Zahlen in die Lösungskästchen eintragen (unter dem Rätsel)

Selbstkontrolle: sinnvoller Satz oder richtig gelöste Rechenaufgabe

Kreuzzahlrätsel
Material: Spielplan

Ablauf:
- Aufgaben lösen
- Ergebniszahlen an die durch Buchstaben und Richtung bezeichneten Plätze des Spieles eintragen (Achtung bei mehrstelligen Zahlen senkrecht: Einer immer unten!).

Selbstkontrolle: Doppelbelegung zahlreicher Plätze mit gleicher Ziffer

Puzzle
Material: Spielplan und Puzzleteile

Ablauf:
- Puzzleteile ausschneiden

- Aufgaben lösen (wenn vorhanden)
- passende Puzzleteile auf Spielplan auflegen (Zuordnung: Aufgabe – Ergebnis; evtl. nach anderen vom Lehrer gegebenen Anweisungen)

Selbstkontrolle: Bild

Tipp: aufkleben und ausmalen

Quartett

Material: Arbeitsblätter mit insgesamt 24 Spielkarten (6 Quartetts)

Ablauf:
- die Karten nach dem Ausschneiden gleichmäßig verteilen
- einen Mitspieler so oft nach einer Karte von einem Quartett fragen, von dem man schon selber eine Karte besitzt, indem man eine Aufgabe von seiner eigenen Karte abliest und das Ergebnis nennt, bis ein Befragter eine gesuchte Karte nicht besitzt bzw. bis der Fragende ein falsches Ergebnis nennt
- die Karte aushändigen, wenn man als Befragter die entsprechende Karte besitzt
- je 4 passende Karten zu einem Quartett ablegen
- Gewinner ist, wer die meisten Quartette ablegen kann.

Kontrolle: durch die Mitspieler

Rechenfeld

Material: Spielplan

Ablauf:
- eine Zahl im linken Feld streichen
- aus dem mittleren Feld eine solche Zahl wählen und streichen, die mit der Zahl aus dem linken Feld verknüpft (Operationszeichen beachten) eine Ergebniszahl liefert, die im rechten Feld vorkommt
- Ergebniszahl im rechten Feld streichen
- falls verlangt, Aufgabe notieren; usw.

Kontrolle: Eine dem Lehrer bekannte Zahl (oder mehrere) bleibt übrig.

Rechenschlange

Material: Arbeitsblatt

Ablauf: beginnend in der Schwanzspitze die Aufgaben der Reihe nach lösen und die Ergebnisse in die leeren Felder eintragen

Selbstkontrolle: Kontrollzahlen, Ergebniszahl

Würfelspiel

Material: 1 Spielplan und 1 Würfel je Gruppe, je Spieler 1 Spielstein

Ablauf:
- reihum würfeln
- Spielstein entsprechend der Augenzahl vorwärts setzen
- das Erreichen bestimmter Felder kann mit Zusatzaufgaben verbunden sein (Regeln festlegen! vgl. Rückseiten der Kopiervorlagen)
- Gewinner ist, wer als erster die Zielzahl erreicht bzw. überschreitet.

Kontrolle: durch Spielgegner

Tipp: sehr variantenreich durch Zusatzregeln, z. B. bei Erreichen einer Einmaleinsergebniszahl muss die entsprechende Aufgabe genannt werden!

Zahlengitter

Material: Arbeitsblatt

Ablauf: Zahlen so in die freien Stellen des Gitters eintragen, dass gemäß der Vorgabe der Operatorpfeile die Kontrollzahlen im Gitter erreicht werden.

Selbstkontrolle: erreichen der Kontrollzahlen

Tipp: Umkehroperation verwenden

Zahlenfolge von 1 bis 100

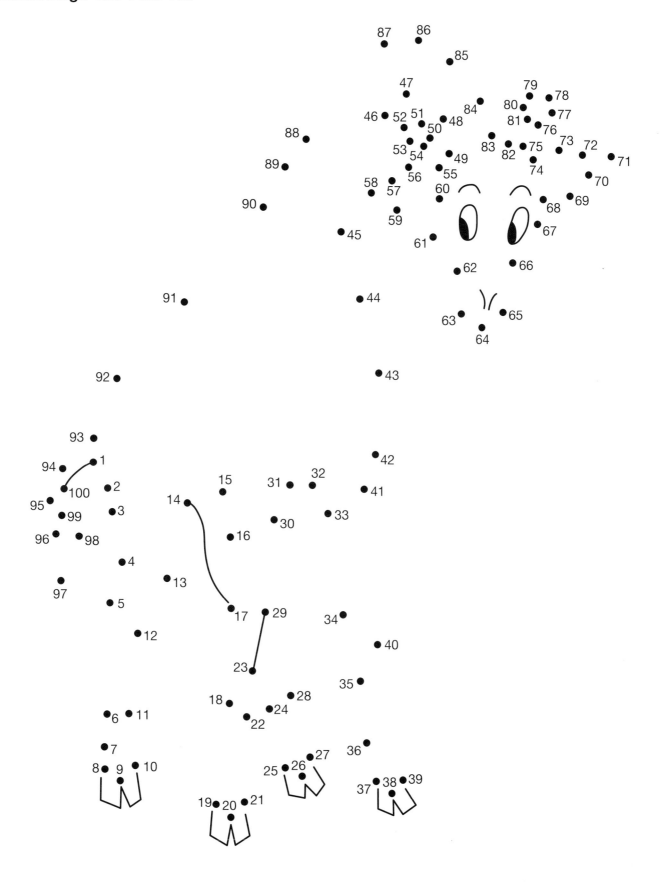

Aus: Rechenspiele für die Klasse 2, Auer Verlag GmbH, Donauwörth.
Als Kopiervorlage freigegeben.

BILDER AUS PUNKTEN

Lösungen:

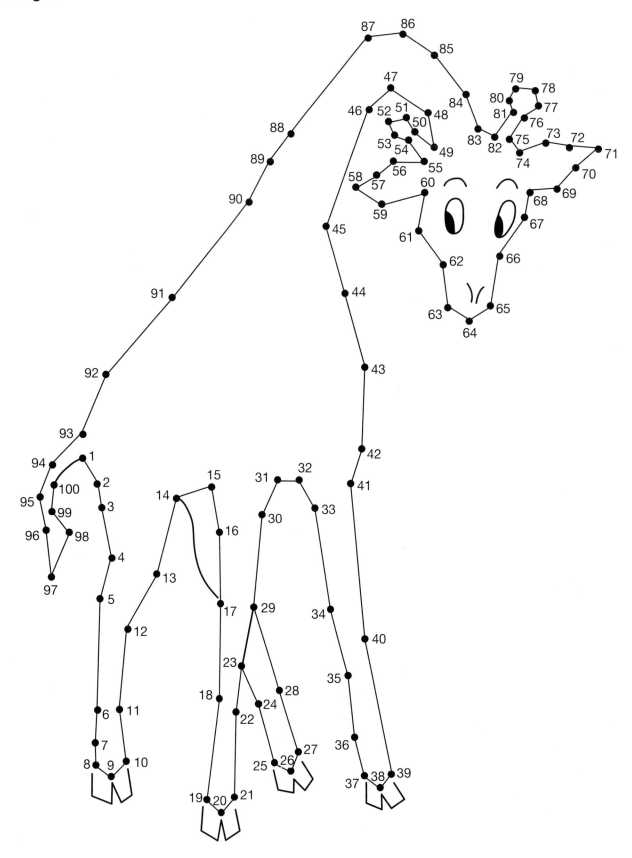

Spielregel:

- Punkte von 1 bis 100 der Reihe nach verbinden.
- Selbstkontrolle: Lösungsbild.

Zehner und Einer

64	9 E / 3 Z		65	9 Z / 4 E
76	8 Z / 7 E		98	2 Z / 7 E
START	6 Z / 4 E		92	1 Z / 3 E
27	5 E / 2 Z		94	6 E / 7 Z
41	3 E / 7 Z		58	6 Z / 5 E
87	ZIEL		25	5 Z / 2 E
36	8 E / 5 Z		39	4 Z / 1 E
73	8 Z / 0 E		13	6 E / 3 Z
52	9 Z / 2 E		80	8 E / 9 Z

Aus: Rechenspiele für die Klasse 2, Auer Verlag GmbH, Donauwörth.
Als Kopiervorlage freigegeben.

(STREIFEN-)DOMINO

Lösungen:

START	6 Z / 4 E	64	9 E / 3 Z
39	4 Z / 1 E	41	3 E / 7 Z
73	8 Z / 0 E	80	8 E / 9 Z
98	2 Z / 7 E	27	5 E / 2 Z
25	5 Z / 2 E	52	9 Z / 2 E
92	1 Z / 3 E	13	6 E / 3 Z
36	8 E / 5 Z	58	6 Z / 5 E
65	9 Z / 4 E	94	6 E / 7 Z
76	8 Z / 7 E	87	ZIEL

Spielregel:

- Dominoteile ausschneiden.
- Dominoteile „Start" suchen.
- Teile so aneinander legen, dass Zahlzerlegung und Zahl nebeneinander liegen.
- Letztes Teil: „Ziel".
- Selbstkontrolle: Bildmotiv und letztes Teil „Ziel".

Zehner und Einer

Male die Felder so an:
rot bei einer 7 an der **E**inerstelle
blau bei einer 5 an der **E**inerstelle
braun bei einer 9 an der **E**inerstelle
grün bei einer 4 an der **Z**ehnerstelle
gelb bei einer 6 an der **Z**ehnerstelle

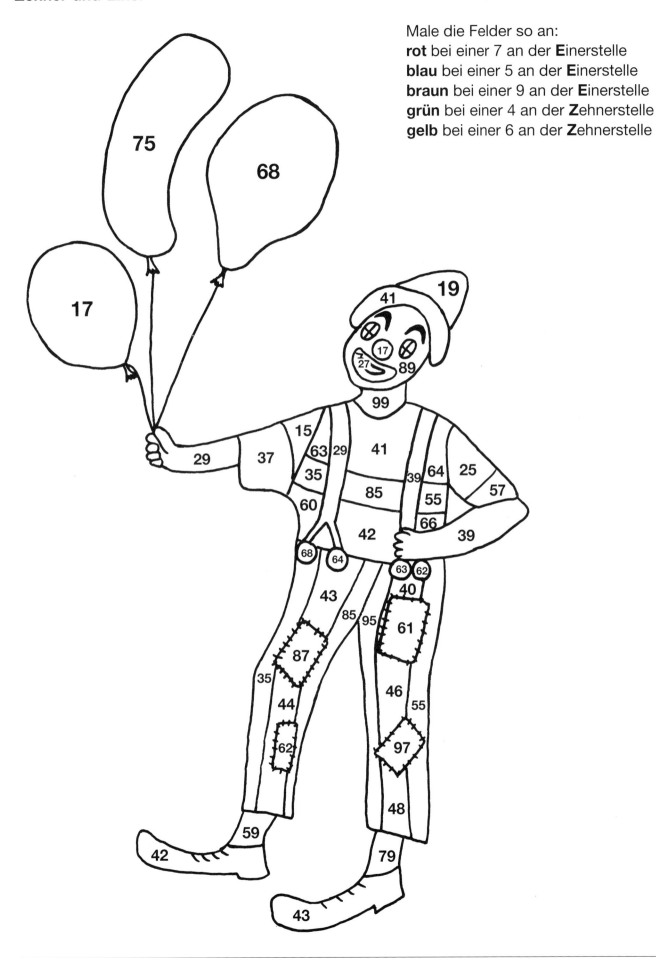

Größerer Nachbarzehner

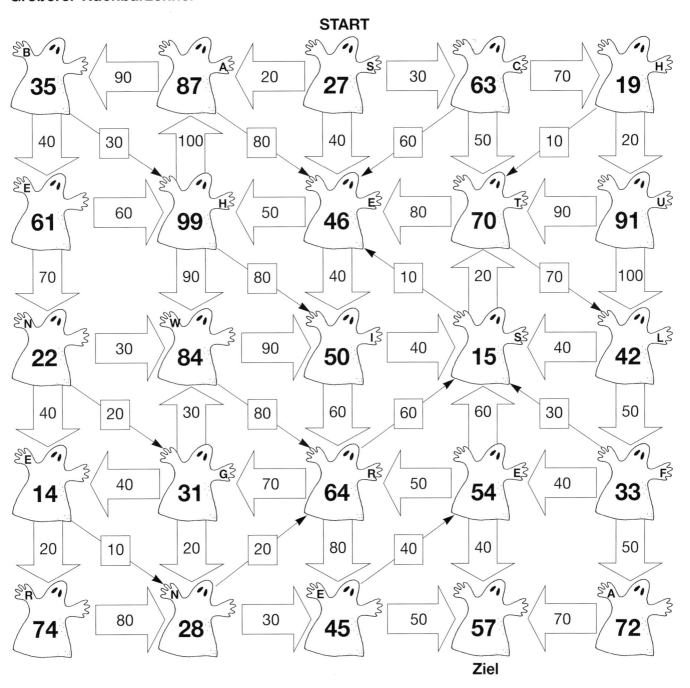

Lösungssatz:

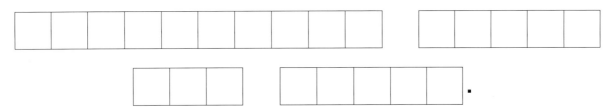

Lösungen:

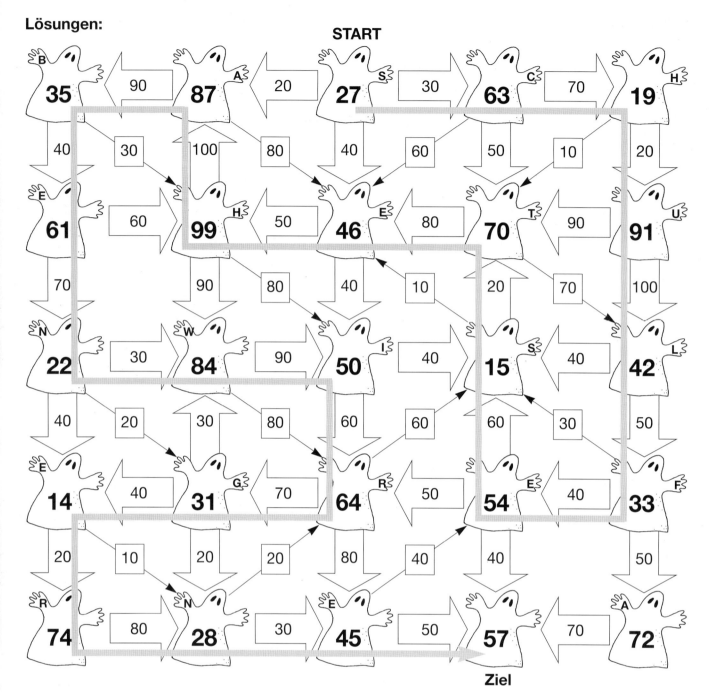

Lösungssatz:

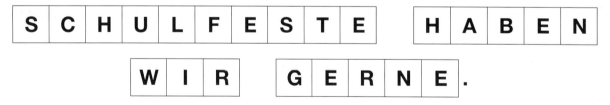

S C H U L F E S T E   H A B E N

W I R   G E R N E .

Spielregel:

- Bei „Start" beginnen.
- Aufgaben ausrechnen.
- Pfeil mit der richtigen Lösungszahl zur nächsten Aufgabe folgen, usw.
- Lösungsweg einzeichnen.
- Kontrollbuchstaben entlang des Wegs beim Lösungssatz eintragen.
- Selbstkontrolle: Lösungssatz und Erreichen des Ziels.

100er-Feld

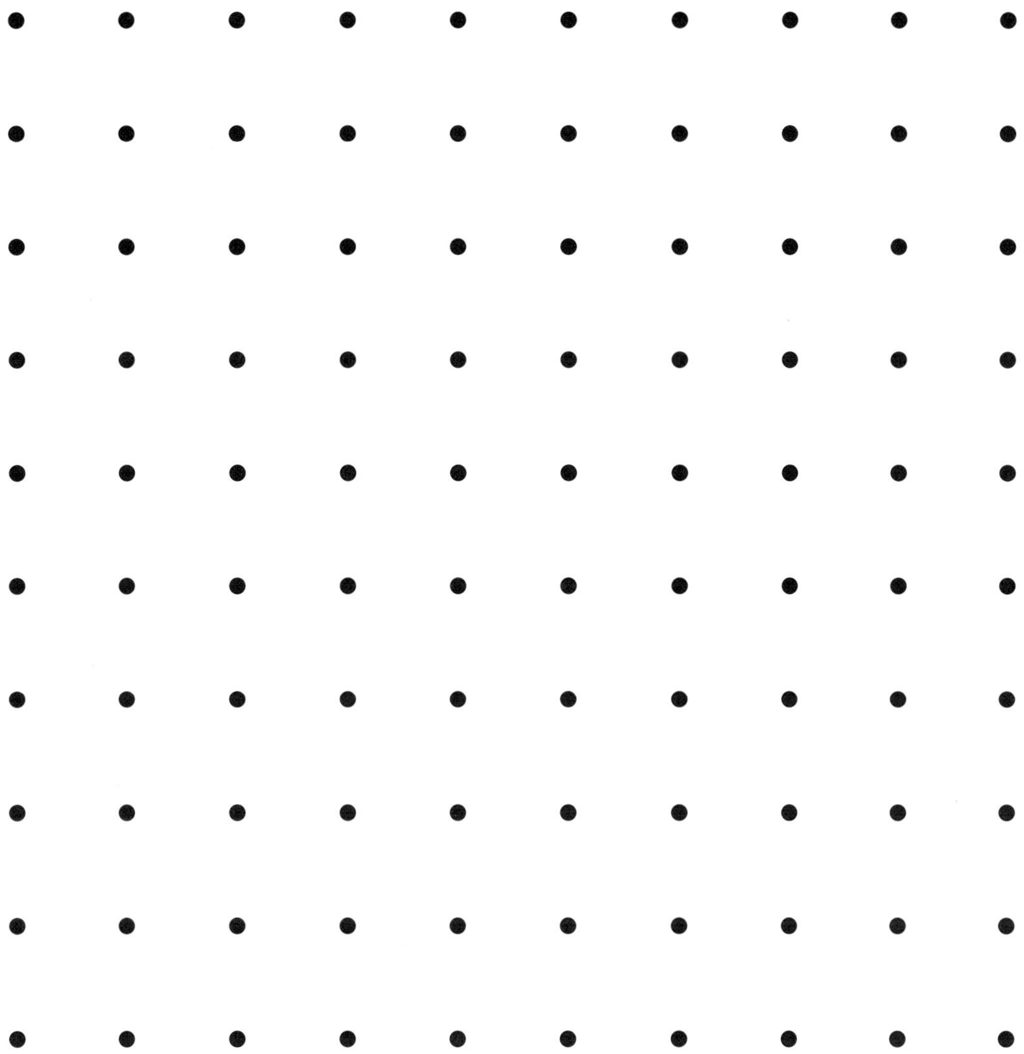

Zu jedem Punkt im Hunderterfeld gehört eine Zahl.

Verbinde die zugehörigen Punkte in folgender Reihenfolge:

51, 52, 53, 43, 33, 23, 24, 34, 33, 43, 53, 54, 55, 56, 57, 47, 36, 37, 38, 39, 49, 59, 60, 50, 60, 79, 78, 77, 76, 75, 74, 73, 62, 51.

Lösungen:

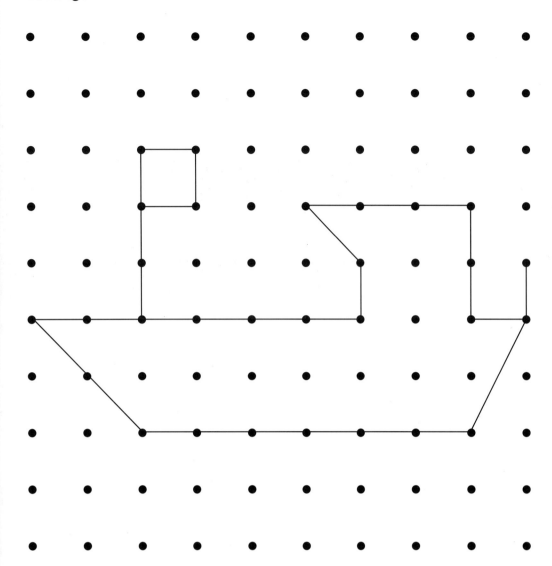

Spielregel:

- Punkte in der Reihenfolge der Zahlen verbinden.
- Tipp: evtl. Punkte durchnummerieren lassen.
- Selbstkontrolle: Lösungsbild.

Addition (einstellig ohne Überschreitung – ZE + E o. Ü.)

72 + 4	35 + 3	62 + 7	42 + 5
31 + 5	73 + 5	32 + 5	71 + 5
45 + 4	64 + 3	33 + 4	46 + 2
64 + 5	43 + 4	35 + 1	62 + 5
31 + 7	47 + 2	43 + 5	75 + 3

Aus: Rechenspiele für die Klasse 2, Auer Verlag GmbH, Donauwörth.
Als Kopiervorlage freigegeben.

BILDPAARE

Lösungen:

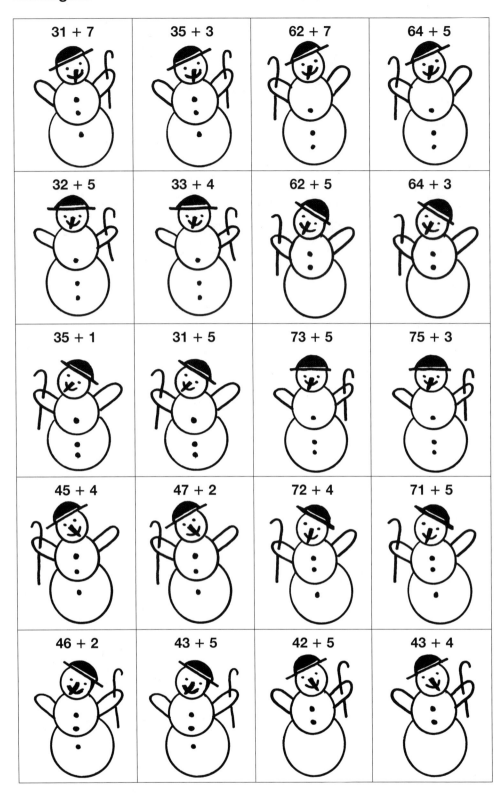

Spielregel:

- Teile ausschneiden.
- Aufgaben lösen.
- Teile mit gleicher Lösung nebeneinander legen.
- Selbstkontrolle: Es ergeben sich 10 Bildpaare.
- Tipp: Soll das Ausschneiden vermieden werden, können die Bildpaare durch Linien gleicher Farbe verbunden werden (Buntstifte).

Subtraktion (einstellig ohne Überschreitung – ZE – E o. Ü.)

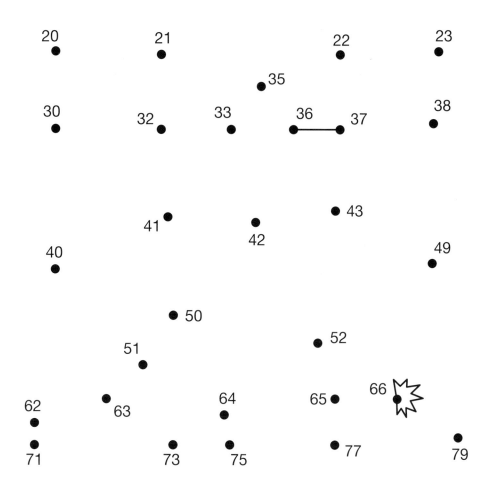

39 − 2 = 37	48 − 5 = ___	77 − 4 = ___
39 − 3 = 36	58 − 6 = ___	75 − 4 = ___
39 − 4 = ___	68 − 3 = ___	66 − 4 = ___
39 − 6 = ___	67 − 1 = ___	67 − 4 = ___
39 − 7 = ___	67 − 2 = ___	55 − 4 = ___
29 − 8 = ___	77 − 0 = ___	54 − 4 = ___
29 − 7 = ___	77 − 2 = ___	45 − 4 = ___
38 − 1 = ___	67 − 3 = ___	36 − 4 = ___

Lösungen:

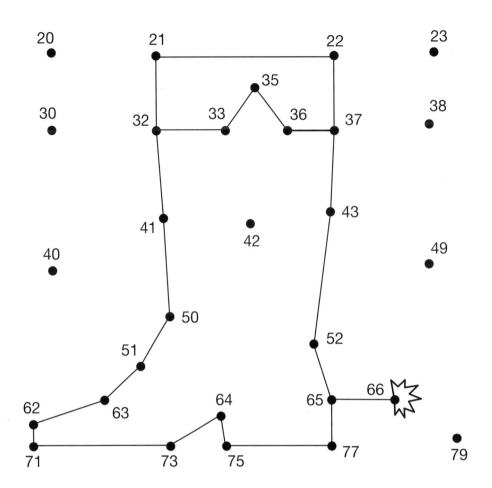

39 − 2 = 37	48 − 5 = 43	77 − 4 = 73
39 − 3 = 36	58 − 6 = 52	75 − 4 = 71
39 − 4 = 35	68 − 3 = 65	66 − 4 = 62
39 − 6 = 33	67 − 1 = 66	67 − 4 = 63
39 − 7 = 32	67 − 2 = 65	55 − 4 = 51
29 − 8 = 21	77 − 0 = 77	54 − 4 = 50
29 − 7 = 22	77 − 2 = 75	45 − 4 = 41
38 − 1 = 37	67 − 3 = 64	36 − 4 = 32

Spielregel:

- Aufgaben lösen.
- Bildpunkte in der Reihenfolge der Ergebniszahlen miteinander verbinden (Lineal!).
- Selbstkontrolle: Bild.

Addition und Subtraktion ohne Zehnerüberschreitung (ZE ± E o. Ü.)

Schlüssel:

21	24	33	37	42	49	52	59
T	Ü	G	T	EIS	N	E	B

60	69	74	78	81	88	95	99
A	D	M	U	CH	EN	R	M

21 + 3 =

55 + 4 =

73 + 5 =

42 + 7 =

39 − 6 =

78 − 4 =

63 − 3 =

85 − 4 =

34 + 3 =

65 + 4 =

81 + 7 =

94 + 5 =

48 − 6 =

29 − 8 =

54 − 2 =

95 − 0 =

GEHEIMSCHRIFT

Lösungen:

21 + 3 =	24	Ü
55 + 4 =	59	B
73 + 5 =	78	U
42 + 7 =	49	N
39 − 6 =	33	G
78 − 4 =	74	M
63 − 3 =	60	A
85 − 4 =	81	CH
34 + 3 =	37	T
65 + 4 =	69	D
81 + 7 =	88	EN
94 + 5 =	99	M
48 − 6 =	42	EIS
29 − 8 =	21	T
54 − 2 =	52	E
95 − 0 =	95	R

Spielregel:

- Aufgaben lösen und Ergebnisse notieren.
- Im Schlüssel zum Ergebnis passende(n) Buchstaben suchen und ebenfalls notieren.
- Selbstkontrolle: Lösungssatz.

Addition und Subtraktion mit Zehnerzahlen (ZE ± Z)

27 + 30 = ____   12 + 60 = ____
96 − 60 = ____   71 − 20 = ____
39 + 40 = ____   36 + 30 = ____
86 − 30 = ____   95 − 50 = ____
63 + 10 = ____   45 + 20 = ____
81 − 40 = ____   82 − 30 = ____
22 + 40 = ____   21 + 50 = ____
59 − 20 = ____   96 − 50 = ____

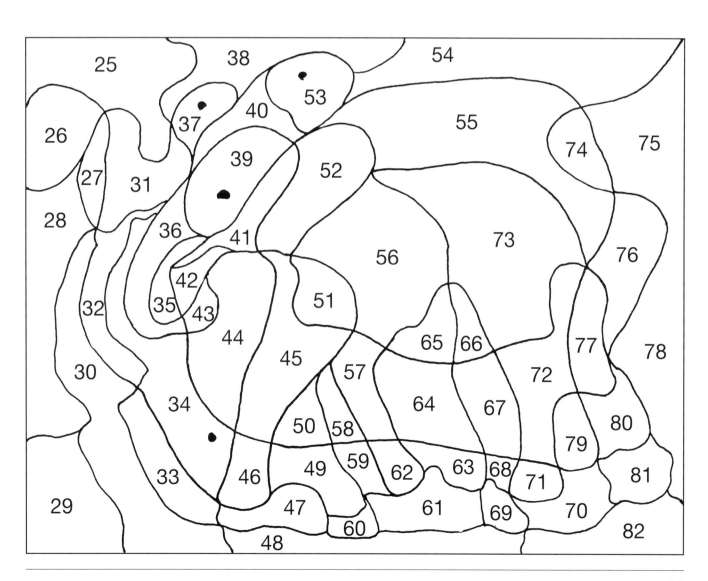

Aus: Rechenspiele für die Klasse 2, Auer Verlag GmbH, Donauwörth.
Als Kopiervorlage freigegeben.

Lösungen:

27 + 30 = 57
96 − 60 = 36
39 + 40 = 79
86 − 30 = 56
63 + 10 = 73
81 − 40 = 41
22 + 40 = 62
59 − 20 = 39

12 + 60 = 72
71 − 20 = 51
36 + 30 = 66
95 − 50 = 45
45 + 20 = 65
82 − 30 = 52
21 + 50 = 71
96 − 50 = 46

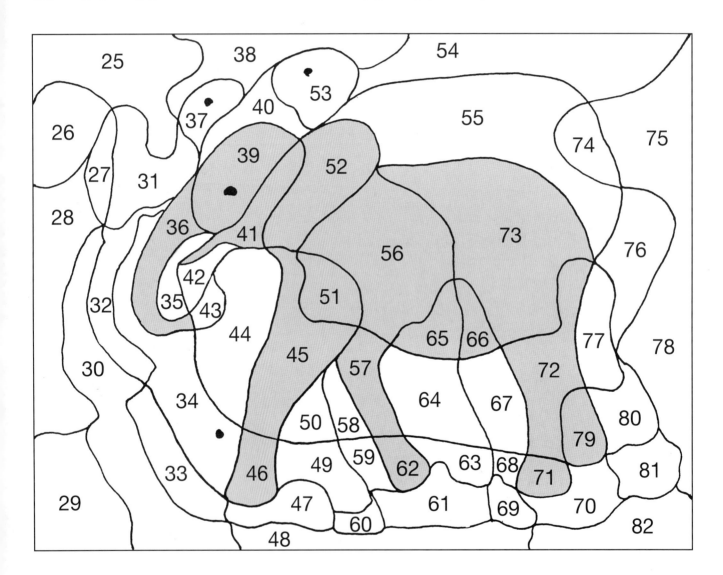

Spielregel:

- Aufgaben lösen.
- Ergebniszahlen im Bildteil aufsuchen und anmalen.
- Selbstkontrolle: Bildfigur.

Addition zum Zehner/Subtraktion vom Zehner (einstellig – ZE + E = Z / Z – E = ZE)

100 − 5 =	87 + 3 =	90 − 1 =	94 + 6 =	20 − 4 =
40 − 2 =	42 + 8 =	30 − 8 =	32 + 8 =	70 − 9 =
28 + 2 =	70 − 3 =	75 + 5 =	80 − 7 =	13 + 7 =
56 + 4 =	50 − 9 =	63 + 7 =	60 − 6 =	80 − 8 =

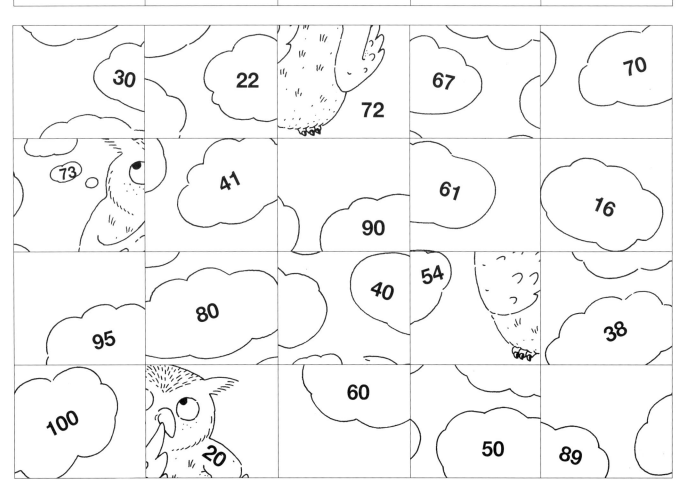

Aus: Rechenspiele für die Klasse 2, Auer Verlag GmbH, Donauwörth.
Als Kopiervorlage freigegeben.

PUZZLE

Lösungen:

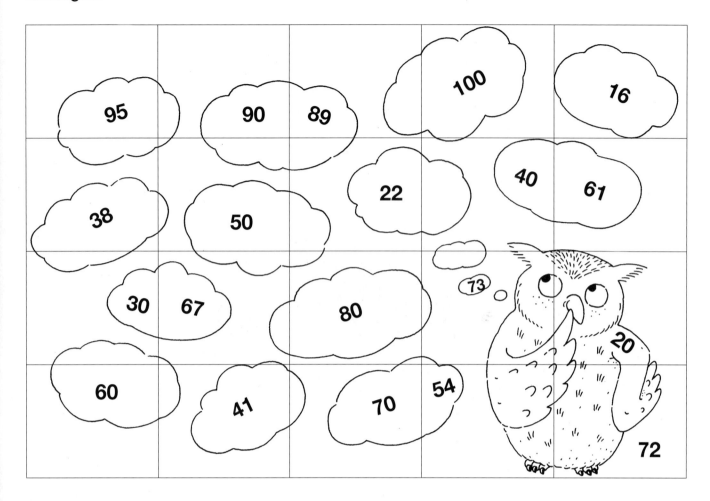

Spielregel:

- Puzzleteile (mit Bildteilaufdruck) ausschneiden.
- Aufgaben auf dem Spielplan lösen.
- Puzzleteile auf den Spielplan legen (Zuordnung: Aufgabe – Ergebnis).
- Selbstkontrolle: Bild.
- Tipp: aufkleben und ausmalen.

Addition zum/Subtraktion vom Zehner (einstellig)

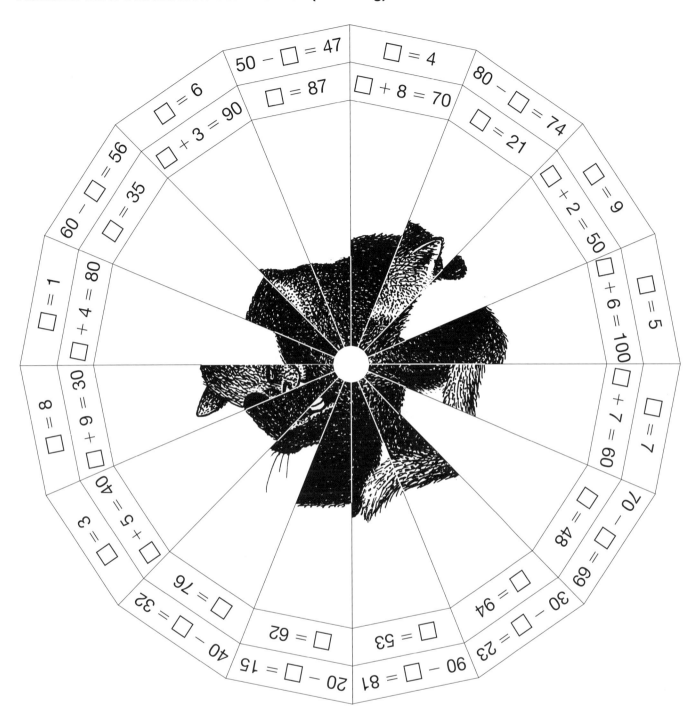

(KREIS-)DOMINO

Lösungen:

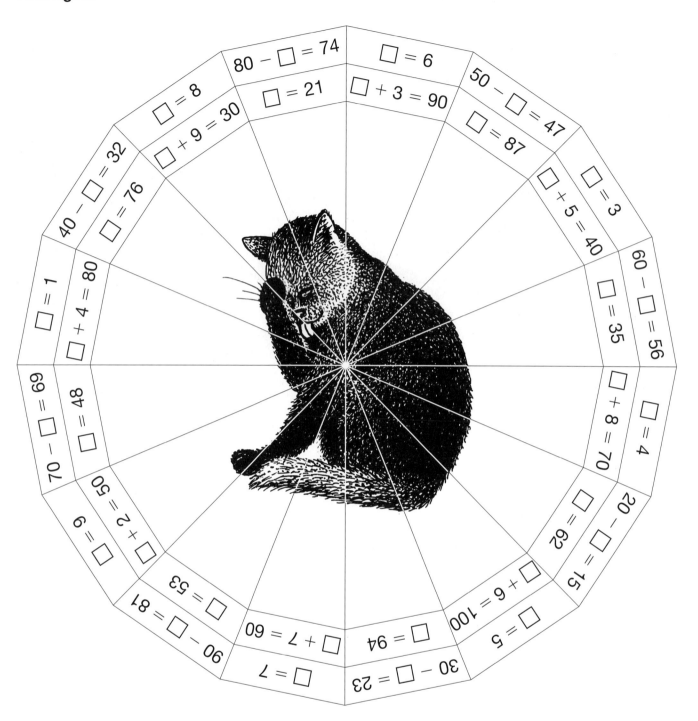

Spielregel:

- Dominoteile ("Tortenstücke") ausschneiden.
- Aufgabe auf beliebigem Teil lösen.
- Dominoteil mit passender Lösungszahl **rechts** anlegen (Lösungszahl in gleicher Höhe wie Aufgabe).
- Neue Aufgabe auf diesem Teil lösen usw.
- Selbstkontrolle: „Kreis" mit Bild in der Mitte.
- Tipp: aufkleben.

Addition mit 1-stelliger Zahl mit Zehnerüberschreitung (ZE + E m. Ü.)

67 + 4 =	78 + 5 =	96 + 7 =	86 + 6 =	18 + 3 =
59 + 3 =	39 + 2 =	18 + 7 =	47 + 4 =	74 + 8 =
77 + 7 =	88 + 6 =	73 + 8 =	99 + 2 =	52 + 9 =
43 + 9 =	37 + 8 =	24 + 7 =	29 + 6 =	58 + 5 =

Aus: Rechenspiele für die Klasse 2, Auer Verlag GmbH, Donauwörth.
Als Kopiervorlage freigegeben.

PUZZLE

Lösungen:

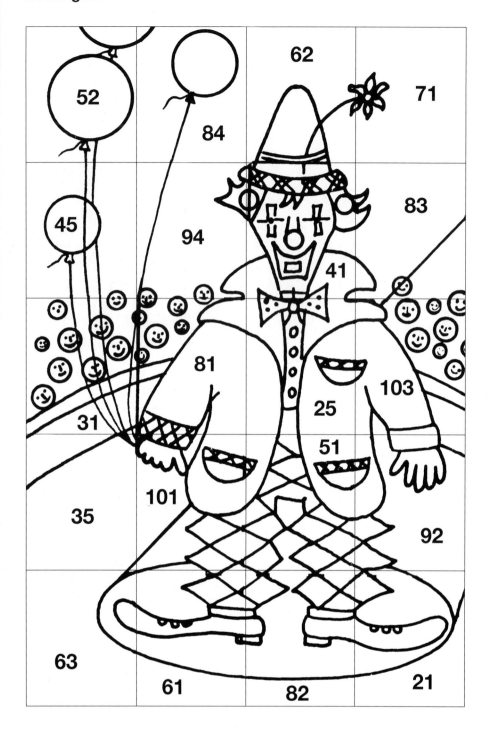

Spielregel:

- Aufgabe ausrechnen und Ergebnisse notieren.
- Puzzleteile (Teile mit Bildmotiv) ausschneiden und entsprechend auflegen.
- Selbstkontrolle: Lösungsbild.
- Tipp: aufkleben und ausmalen.

Subtraktion (einstellig mit Überschreitung – ZE – E m.Ü.)

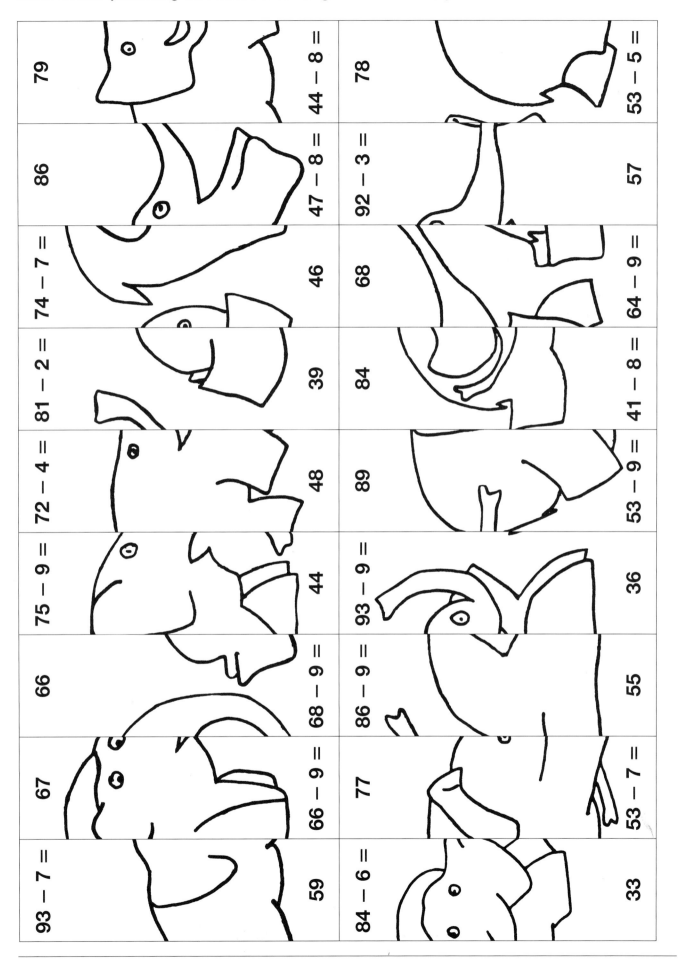

(STREIFEN-)DOMINO

Lösungen:

Spielregel:

- Dominoteile ausschneiden.
- Mit beliebigem Teil beginnen: Aufgabe (unten oder oben) lösen.
- Neues Teil mit passender Lösungszahl rechts anlegen und neue Aufgabe lösen usw.
- Selbstkontrolle: fortlaufende Bildserie.
- Tipp: aufkleben und ausmalen.

Addition und Subtraktion mit Zehnerüberschreitung (ZE ± E m. Ü.)

36 + 9 = ☐ blau

74 + 8 = ☐ rot

45 + 6 = ☐ weiß

27 + 7 = ☐ gelb

69 + 4 = ☐ orange

57 + 5 = ☐ grün

88 + 6 = ☐ braun

46 + 7 = ☐ schwarz

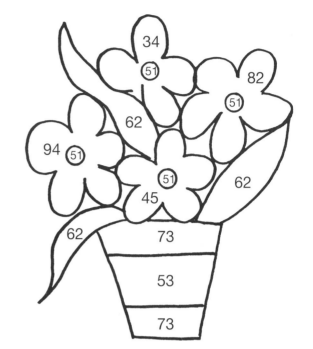

22 − 9 = ☐ rot

54 − 6 = ☐ grün

33 − 8 = ☐ schwarz

72 − 6 = ☐ blau

46 − 7 = ☐ weiß

64 − 9 = ☐ orange

95 − 8 = ☐ braun

83 − 7 = ☐ gelb

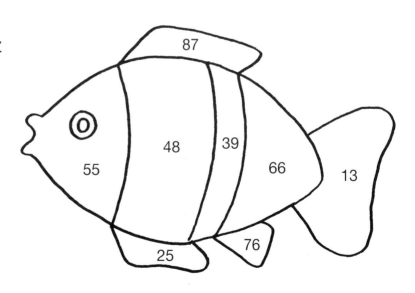

Lösungen:

36 + 9 =	45	blau
74 + 8 =	82	rot
45 + 6 =	51	weiß
27 + 7 =	34	gelb
69 + 4 =	73	orange
57 + 5 =	62	grün
88 + 6 =	94	braun
46 + 7 =	53	schwarz

22 − 9 =	13	rot
54 − 6 =	48	grün
33 − 8 =	25	schwarz
72 − 6 =	66	blau
46 − 7 =	39	weiß
64 − 9 =	55	orange
95 − 8 =	87	braun
83 − 7 =	76	gelb

Spielregel:

- Aufgaben ausrechnen und Ergebnisse notieren.
- Im Bildteil Ergebniszahl suchen.
- Zugehöriges Feld mit angegebener Farbe ausmalen.
- Tipp: Lösungsblatt durch Ausmalen anfertigen.

Addition und Subtraktion, einstellig mit Überschreitung des Zehners (ZE ± E m. Ü.)

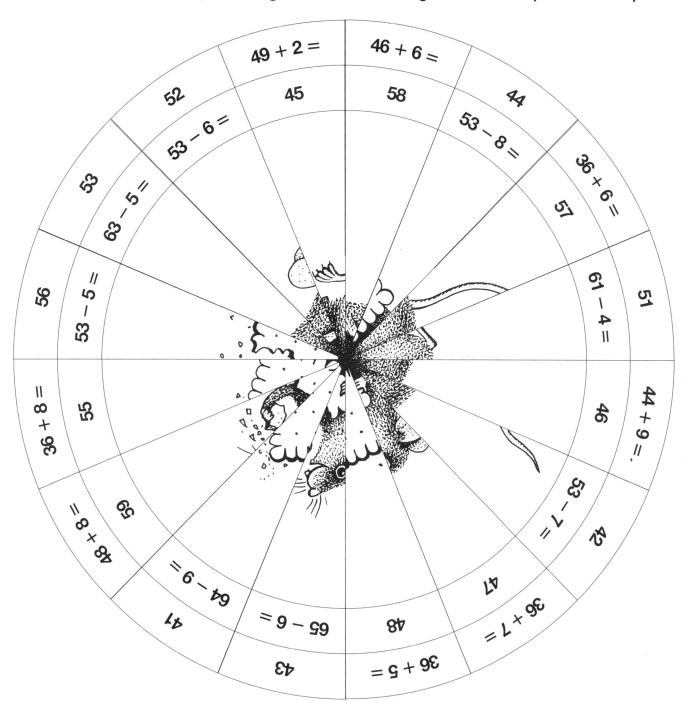

Lösungen:

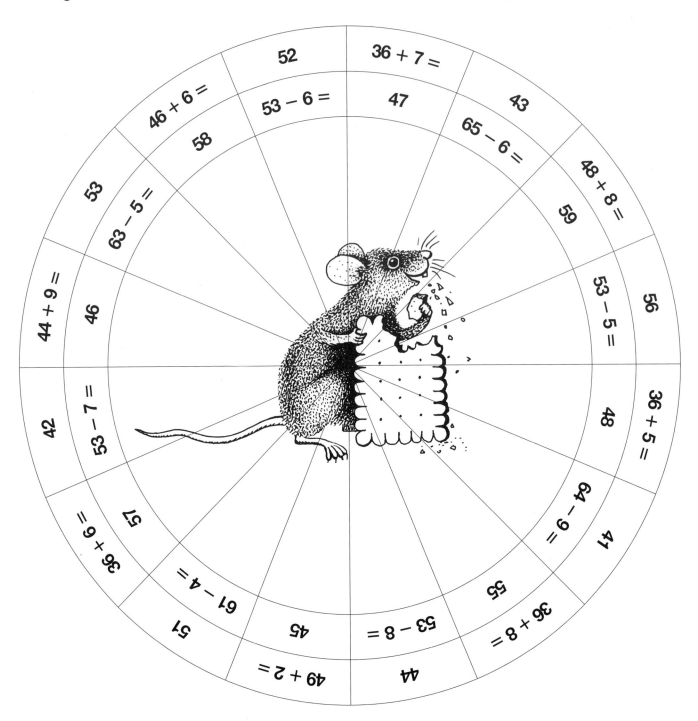

Spielregel:

- Dominoteile („Tortenstücke") ausschneiden.
- Aufgabe auf beliebigem Teil lösen.
- Dominoteil mit passender Lösungszahl **rechts** anlegen (Lösungszahl in gleicher Höhe wie Aufgabe!).
- Neue Aufgabe auf diesem Teil lösen usw.
- Selbstkontrolle: Kreis mit Bild in der Mitte.

Addition zweistelliger Zahlen ohne Zehnerüberschreitung (ZE + ZE o.Ü.)

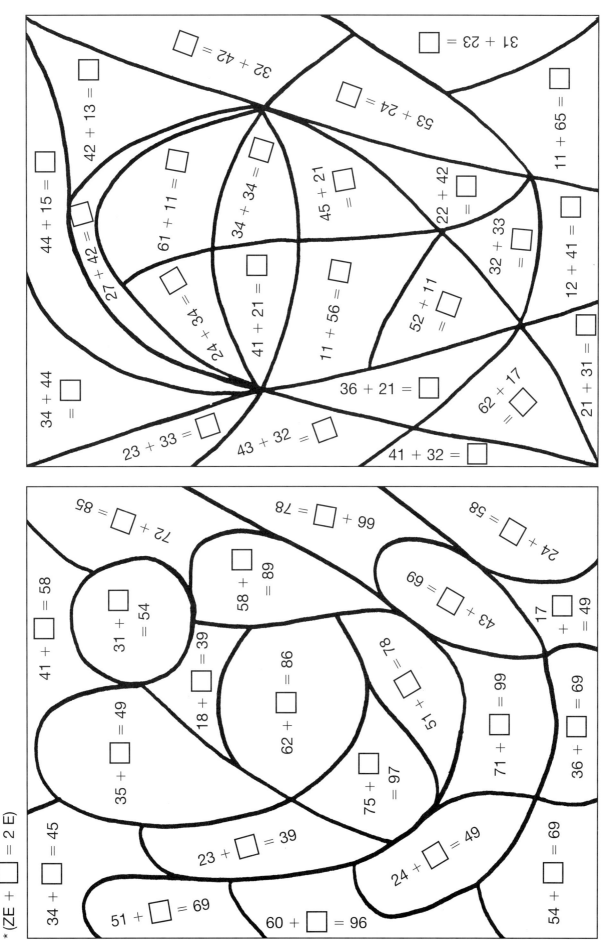

Lösungen:

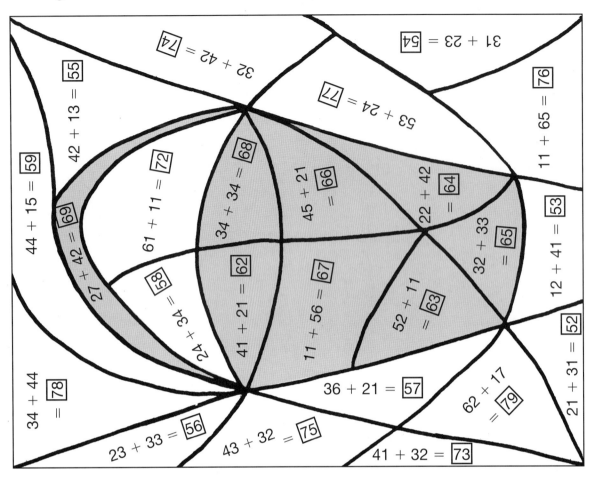

Spielregel:
- Alle Aufgaben lösen und die Ergebnisse im Bild notieren.
- Alle Felder mit Lösungszahlen zwischen 60 und 70 anmalen.
- Selbstkontrolle: Bild.
- Tipp: Lösungsfolie bereitlegen.

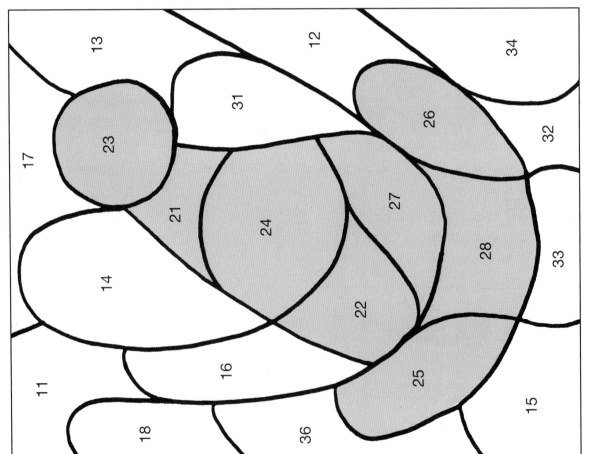

Spielregel:
- Alle Aufgaben lösen und die Ergebnisse im Bild notieren.
- Alle Felder mit Lösungszahlen zwischen 20 und 30 anmalen.
- Selbstkontrolle: Bild.
- Tipp: Lösungsfolie bereitlegen.

Subtraktion ohne Zehnerüberschreitung (ZE – ZE o. Ü.)

Schlüssel:

gehn	12	Es	16	Beine	26	Tisch	33
kann	13	muss	22	und	27	allen	36
vieren	14	vier	24	stehn.	31	Der	41
auf	15	nicht	25	hat	32	immer	45

47 – 31 =
66 – 34 =
98 – 74 =
69 – 43 =
78 – 51 =
85 – 72 =
37 – 12 =
45 – 33 =

86 – 64 =
69 – 24 =
76 – 61 =
88 – 52 =
98 – 84 =
67 – 36 =

87 – 46 =
75 – 42 =

GEHEIMSCHRIFT

Lösungen:

gehn	12	Es	16	Beine	26	Tisch	33
kann	13	muss	22	und	27	allen	36
vieren	14	vier	24	stehn.	31	Der	41
auf	15	nicht	25	hat	32	immer	45

47 − 31 = 16   Es
66 − 34 = 32   hat
98 − 74 = 24   vier
69 − 43 = 26   Beine
78 − 51 = 27   und
85 − 72 = 13   kann
37 − 12 = 25   nicht
45 − 33 = 12   gehn

86 − 64 = 22   muss
69 − 24 = 45   immer
76 − 61 = 15   auf
88 − 52 = 36   allen
98 − 84 = 14   vieren
67 − 36 = 31   stehn.

87 − 46 = 41   Der
75 − 42 = 33   Tisch

Spielregel:
- Aufgaben lösen.
- Zu jeder Ergebniszahl im Schlüssel Wort suchen und hinter dem Ergebnis eintragen.
- Selbstkontrolle: Lösungssatz (Rätsel mit Antwort).

Addition und Subtraktion (zweistellig ohne Überschreitung – ZE ± ZE o. Ü.)

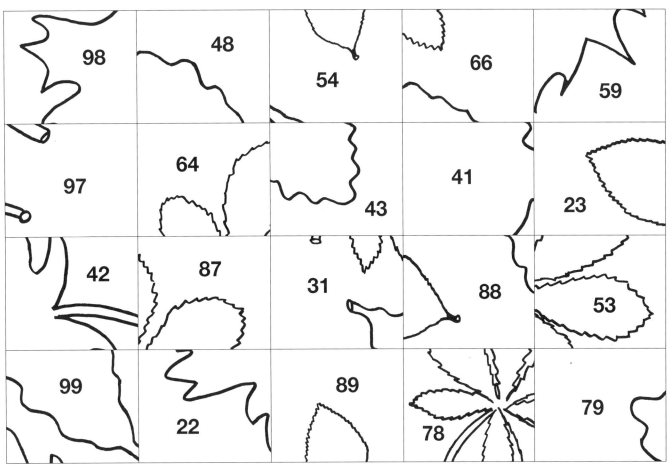

48 + 31 =	69 − 21 =	62 + 27 =	98 − 34 =	44 + 43 =
87 − 46 =	33 + 66 =	76 − 22 =	25 + 53 =	96 − 43 =
74 + 24 =	95 − 53 =	54 + 43 =	66 − 35 =	33 + 33 =
88 − 66 =	24 + 35 =	97 − 74 =	76 + 12 =	79 − 36 =

Aus: Rechenspiele für die Klasse 2, Auer Verlag GmbH, Donauwörth.
Als Kopiervorlage freigegeben.

PUZZLE **41**

Lösungen:

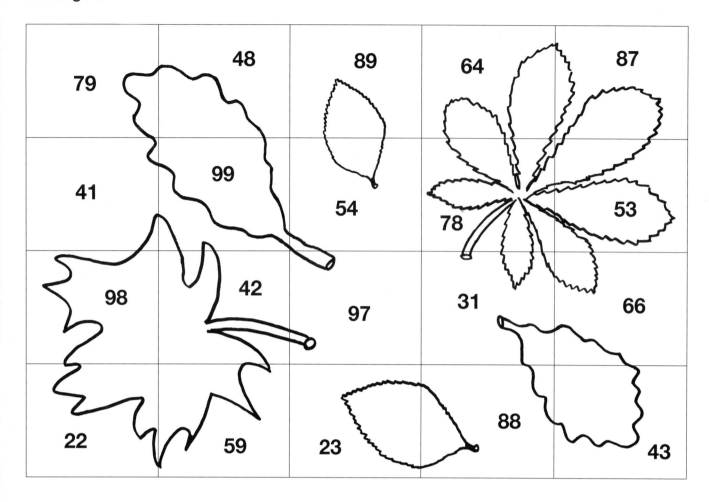

Spielregel:

- Puzzleteile (mit Bildteilaufdruck) ausschneiden.
- Aufgaben auf dem Spielplan lösen.
- Puzzleteile auf den Spielplan legen (Zuordnung: Aufgabe – Ergebnis).
- Selbstkontrolle: Bild.
- Tipp: aufkleben und ausmalen.

Addition (zweistellig mit Überschreitung – ZE + ZE m. Ü.)

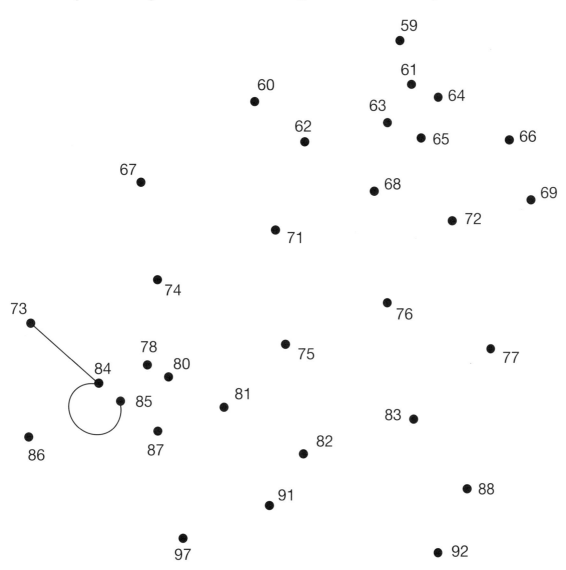

58 + 15 = 73	73 + 19 = ___	26 + 36 = ___
67 + 17 = 84	54 + 29 = ___	37 + 37 = ___
59 + 19 = ___	33 + 39 = ___	37 + 36 = ___
65 + 15 = ___	16 + 49 = ___	39 + 39 = ___
66 + 19 = ___	25 + 39 = ___	45 + 36 = ___
69 + 18 = ___	32 + 29 = ___	46 + 36 = ___
74 + 17 = ___	44 + 19 = ___	56 + 36 = ___

Lösungen:

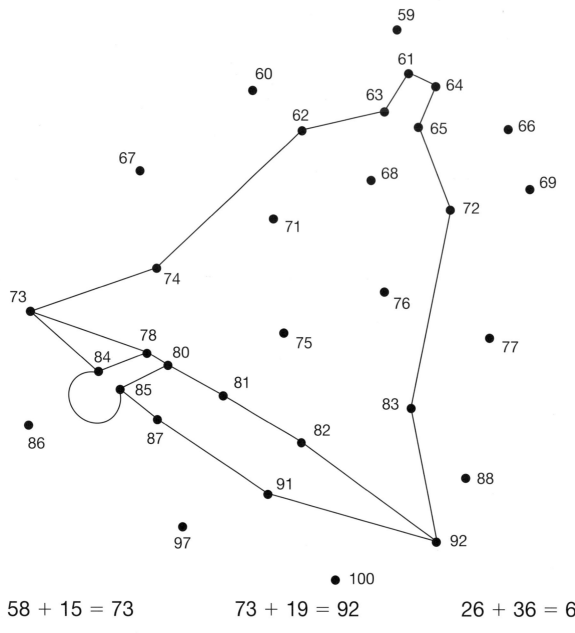

58 + 15 = 73	73 + 19 = 92	26 + 36 = 62
67 + 17 = 84	54 + 29 = 83	37 + 37 = 74
59 + 19 = 78	33 + 39 = 72	37 + 36 = 73
65 + 15 = 80	16 + 49 = 65	39 + 39 = 78
66 + 19 = 85	25 + 39 = 64	45 + 36 = 81
69 + 18 = 87	32 + 29 = 61	46 + 36 = 82
74 + 17 = 91	44 + 19 = 63	56 + 36 = 92

Spielregel:

- Aufgaben lösen.
- Bildpunkte in der Reihenfolge der Ergebniszahlen miteinander verbinden.
- Selbstkontrolle: Bild.

Addition (zweistellig mit Überschreitung – ZE + ZE m. Ü.)

18 + 19	34 + 15	22 + 21	17 + 27
	38 + 17	13 + 39	
22 + 27	42 + 9	39 + 6	14 + 29	21 + 19
	48 + 8	12 + 44	27 + 27	
22 + 7	38 + 11	10 + 36	11 + 33
47 + 7	35 + 12	35 + 16	17 + 35	
32 + 24			25 + 18	25 + 28	21 + 17
	12 + 44			
12 + 33	24 + 23	49 + 0	8 + 39
	39 + 18	23 + 31	35 + 14
26 + 13	4 + 44	33 + 19	7 + 33	24 + 27	25 + 24
	47 + 7		5 + 48		
36 + 9	39 + 10	23 + 17	

Male alle Felder mit der folgenden Farbe aus:
rot, wenn die Summe > 50 ist,
gelb, wenn die Summe < 50 ist!
Welche Flagge gehört zum Lösungswort?

Aus: Rechenspiele für die Klasse 2, Auer Verlag GmbH, Donauwörth.
Als Kopiervorlage freigegeben.

Lösungen:

18 + 19	34 + 15	22 + 21	17 + 27
	38 + 17	13 + 39	
22 + 27	42 + 9 / 39 + 6	14 + 29	21 + 19
	48 + 8 / 12 + 44	27 + 27	
22 + 7	38 + 11	10 + 36	11 + 33
47 + 7	35 + 12 / 35 + 16	17 + 35	
32 + 24	12 + 44	25 + 18 / 25 + 28	21 + 17
12 + 33	24 + 23	49 + 0	8 + 39
	39 + 18	23 + 31	35 + 14
26 + 13	4 + 44 / 33 + 19	7 + 33 / 5 + 48	24 + 27
	47 + 7		25 + 24
36 + 9	39 + 10	23 + 17	

Spielregel:

- Aufgaben im Bildteil (in den Feldern) lösen.
- Felder je nach der Größe des Ergebnisses in den Farben rot (wenn größer als 50) oder gelb (wenn kleiner als 50) anmalen.
- Selbstkontrolle: Wort (Umriss).
- Tipp: Entsprechende Flagge zuordnen lassen, Thema „Flaggen" vertiefen.

Subtraktion zweistelliger Zahlen mit Zehnerüberschreitung (ZE − ZE m. Ü.)

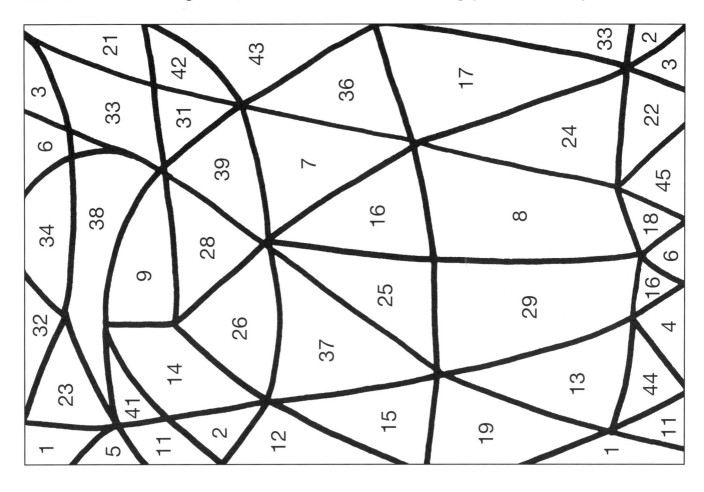

74 − 38 =
57 − 48 =
44 − 29 =
91 − 66 =
74 − 67 =
71 − 45 =
56 − 17 =
62 − 34 =
82 − 66 =

73 − 55 =
54 − 38 =
87 − 49 =
65 − 28 =
46 − 17 =
92 − 84 =
38 − 19 =
61 − 27 =
93 − 76 =

Aus: Rechenspiele für die Klasse 2, Auer Verlag GmbH, Donauwörth.
Als Kopiervorlage freigegeben.

AUSMALEN

Lösungen:

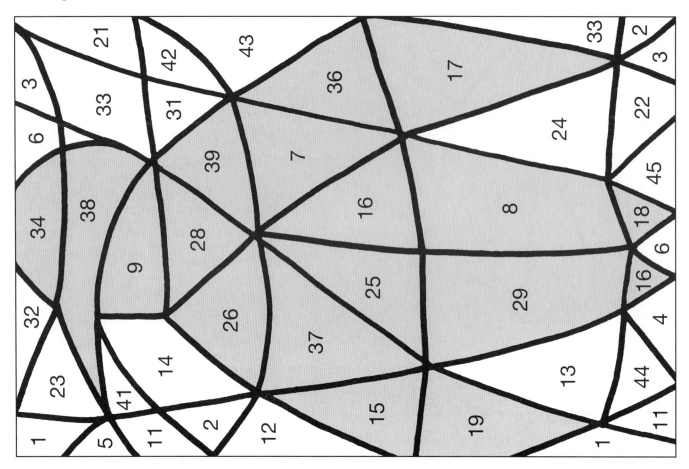

73 − 55 = 18	74 − 38 = 36	
54 − 38 = 16	57 − 48 = 9	
87 − 49 = 38	44 − 29 = 15	
65 − 28 = 37	91 − 66 = 25	
46 − 17 = 29	74 − 67 = 7	
92 − 84 = 8	71 − 45 = 26	
38 − 19 = 19	56 − 17 = 39	
61 − 27 = 34	62 − 34 = 28	
93 − 76 = 17	82 − 66 = 16	

Spielregel:

- Aufgaben lösen.
- Ergebniszahlen im Bildteil aufsuchen und anmalen.
- Selbstkontrolle: Bildfigur.

Addition und Subtraktion (zweistellig mit Überschreitung – ZE ± ZE m. Ü.)

a) Senkrecht immer + 16, waagerecht immer + 17!

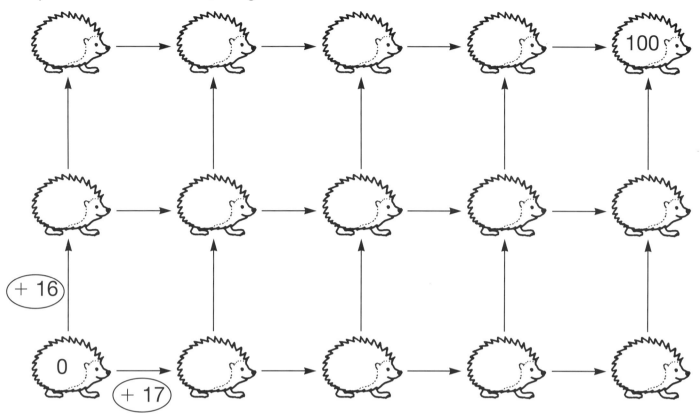

b) Senkrecht immer − 18, waagerecht immer ?!

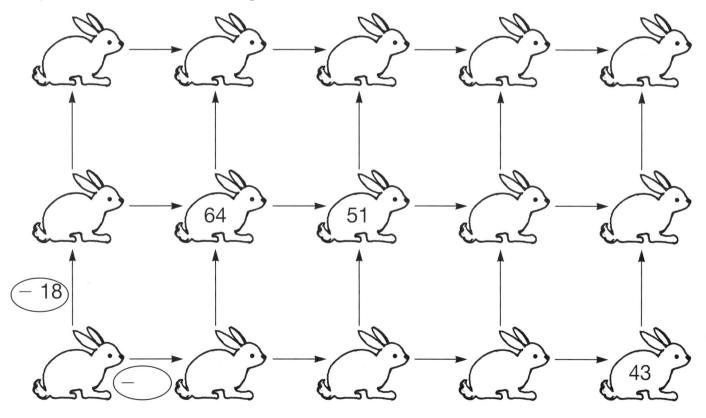

Lösungen:

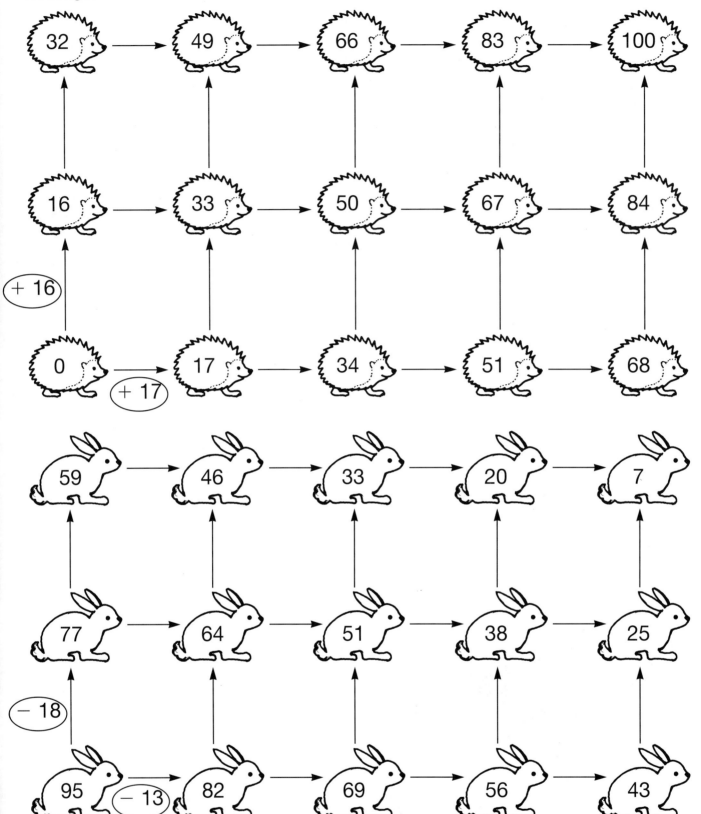

Spielregel:

- Zahlen in den Knotenpunkten der Gitternetze entsprechend der Operatorvorgabe berechnen und notieren.
- (nur b:) Der waagerechte Operator − 13 ergibt sich als Differenz der Knotenzahlen 64 u. 51!
- Selbstkontrolle: die Zielzahlen 100 (oben) u. 43 (unten).

Ergänzen bis 100

Wie viel fehlt immer bis 100?

86	77	31	65	44
52	43	38	89	71
68	26	92	64	57
94	47	66	85	22

57	32	53	29	35
15	62	23	78	6
48	36	8	43	34
56	11	14	69	74

Aus: Rechenspiele für die Klasse 2, Auer Verlag GmbH, Donauwörth.
Als Kopiervorlage freigegeben.

Lösungen:

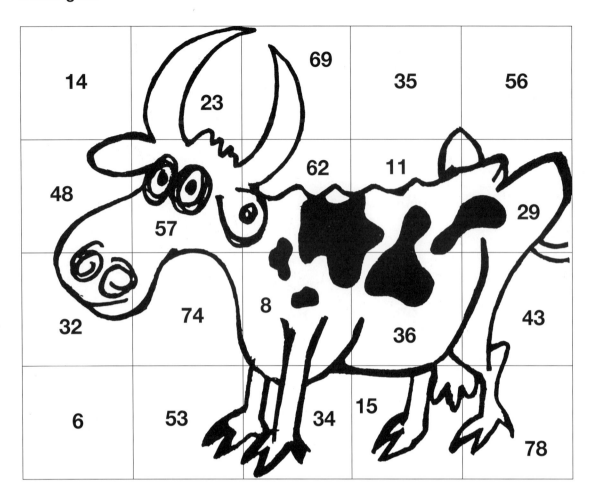

Spielregel:

- Puzzleteile (mit Bildteilaufdruck) ausschneiden.
- Puzzleteil jeweils so auf das Spielplanfeld legen, dass die Summe die Zahlen auf dem Puzzleteil und dem Spielplanfeld 100 ergibt.
- Selbstkontrolle: Bild.
- Tipp: aufkleben und ausmalen.

Ergänzen bis 100

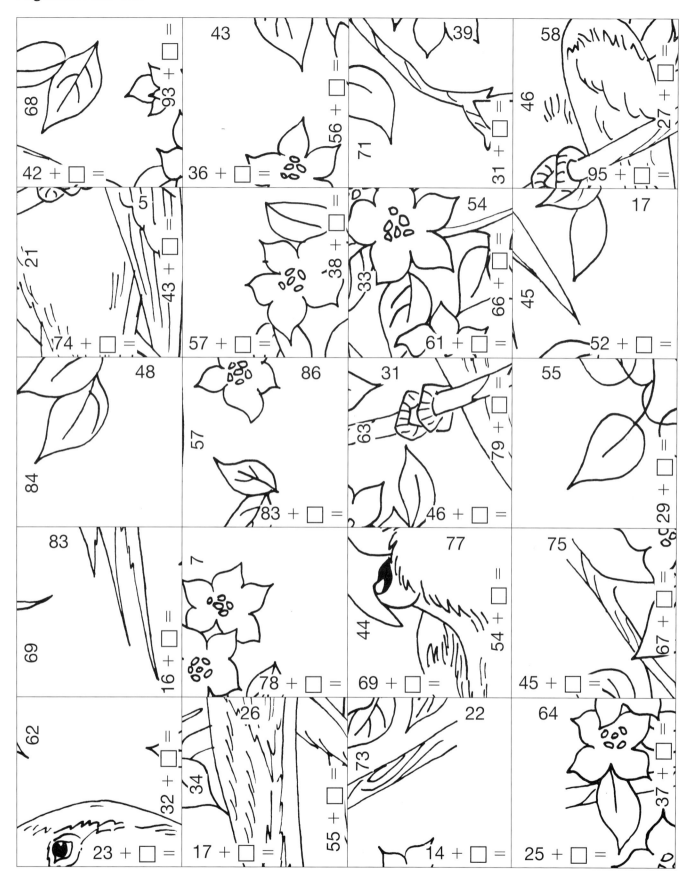

(FLÄCHEN-)DOMINO

Lösungen:

Spielregel:

- Dominoteile ausschneiden.
- Aufgabe auf beliebigem Teil lösen.
- Dominoteil mit passender Lösungszahl anlegen (Lösungszahl und Aufgabe Rand an Rand).
- Neue Aufgabe auf diesem Teil lösen.
- Selbstkontrolle: Bild.
- Tipp: aufkleben und ausmalen. Auf den Außenrändern stehen keine Zahlen. Zuerst lösen.

Verdoppeln und Halbieren

waagerecht: verdopple!

A:	21	O:	38
C:	47	Q:	24
E:	4	R:	17
F:	29	V:	39
G:	41	W:	35
I:	42	X:	18
K:	35	Y:	0
M:	22		

senkrecht: halbiere!

B:	56	S:	94
D:	96	T:	54
F:	100	U:	92
H:	48	Z:	12
J:	94		
L:	88		
N:	86		
P:	72		

KREUZZAHLRÄTSEL

Lösungen:

A	B		C	D		E		F	
4	2		9	4		8		5	8
	G	H		I	J		K		
	8	2		8	4		7	0	
L		M	N		O				P
4		4	4		7	6			3
Q			R	S			T		
4	8		3	4			2		6
		U		V			W		
		4		7	8		7	0	
	X					Y		Z	
	3	6				0		6	

Spielregel:

- Aufgaben lösen.
- Ergebniszahlen an die durch Buchstaben und Richtung bezeichneten Plätze des Gitters eintragen. (Achtung: bei mehrstelligen Zahlen senkrecht: Einer immer *unten*.)
- Selbstkontrolle: Doppelbelegung zahlreicher Plätze durch Ergebnisziffern zweier Aufgaben.

Verdoppeln und Halbieren

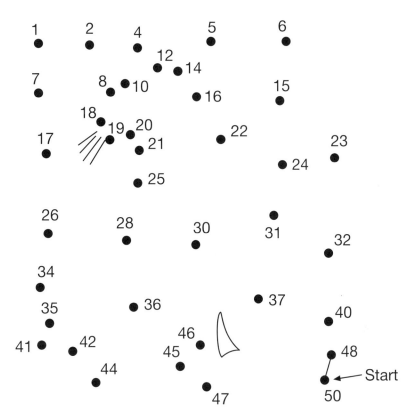

Verdopple:

25 → 50
24 → 48
20 →
16 →
12 →
11 →
8 →
7 →
6 →
2 →
5 →
4 →
9 →

Halbiere:

38 → 19
40 →
42 →
50 →
60 →
92 →
90 →
84 →
70 →
82 →
88 →
94 →
100 →

Lösungen:

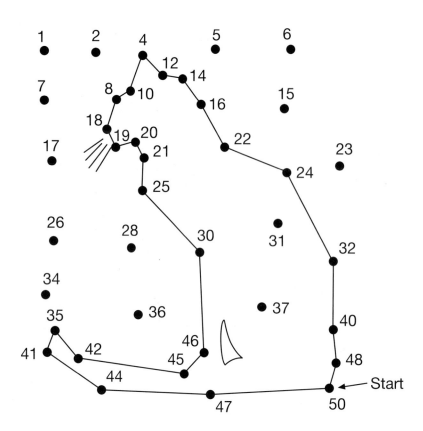

Verdopple:

25 → 50
24 → 48
20 → 40
16 → 32
12 → 24
11 → 22
8 → 16
7 → 14
6 → 12
2 → 4
5 → 10
4 → 8
9 → 18

Halbiere:

38 → 19
40 → 20
42 → 21
50 → 25
60 → 30
92 → 46
90 → 45
84 → 42
70 → 35
82 → 41
88 → 44
94 → 47
100 → 50

Spielregel:

- Aufgaben lösen (hier: Zahlen verdoppeln bzw. halbieren).
- Ergebniszahlen im Bildteil aufsuchen und die zugehörigen Punkte in der Reihenfolge der Aufgaben miteinander verbinden (Lineal!).
- Ergebnis: Bild (Umriss).
- Tipp: Durch Vergleich mit ausliegendem Lösungsblatt wird die Kontrolle sicherer.

1 × 1 mit 2, 4, 8

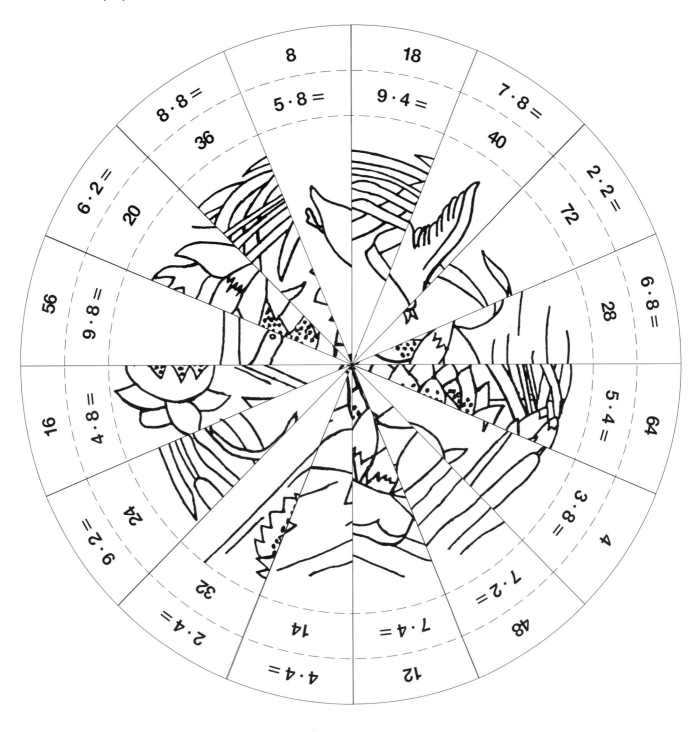

Lösungen:

Spielregel:

- Dominoteile („Tortenstücke") ausschneiden.
- Aufgabe auf beliebigem Teil lösen.
- Dominoteil mit passender Lösungszahl **rechts** anlegen (Lösungszahl in gleicher Höhe wie Aufgabe!).
- Neue Aufgabe auf diesem Teil lösen usw.
- Selbstkontrolle: Kreis mit Bild in der Mitte.
- Tipp: Bild aufkleben und ausmalen.

1 × 1 mit 2, 4, 8, 5, 10

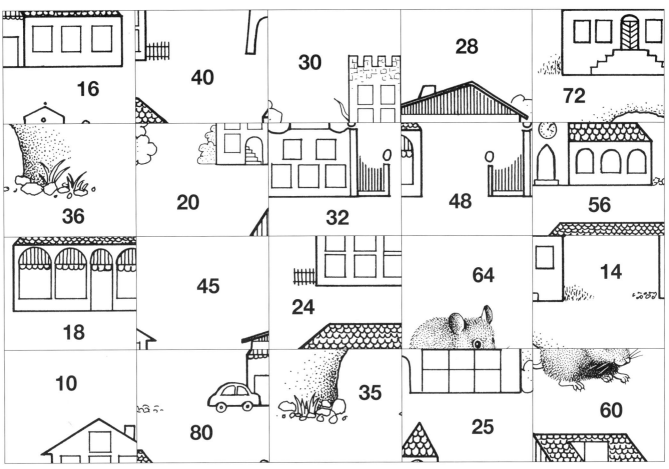

5 · 2 = ___	9 · 5 = ___	7 · 4 = ___	6 · 5 = ___	8 · 8 = ___
6 · 4 = ___	5 · 8 = ___	5 · 5 = ___	5 · 4 = ___	6 · 10 = ___
9 · 8 = ___	7 · 2 = ___	7 · 8 = ___	8 · 10 = ___	2 · 8 = ___
7 · 5 = ___	9 · 4 = ___	9 · 2 = ___	6 · 8 = ___	8 · 4 = ___

Aus: Rechenspiele für die Klasse 2, Auer Verlag GmbH, Donauwörth.
Als Kopiervorlage freigegeben.

Lösungen:

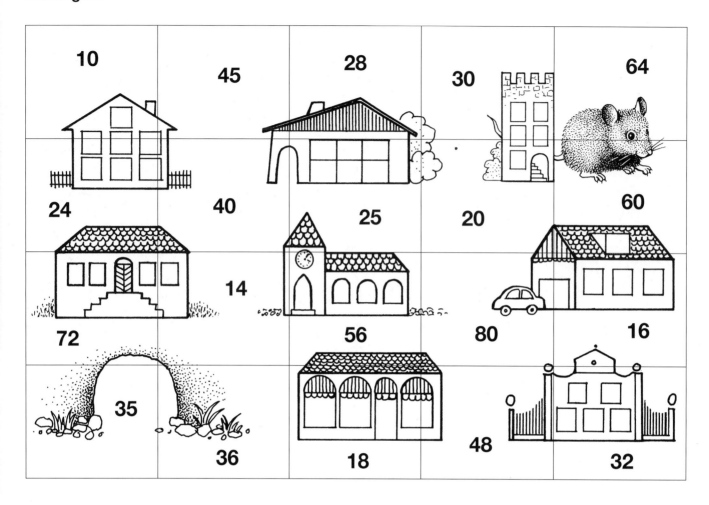

Spielregel:

- Puzzleteile (mit Bildteil) ausschneiden.
- Aufgaben auf dem Spielplan lösen.
- Puzzleteile auf den Spielplan legen (Zuordnung: Aufgabe – Ergebnis).
- Selbstkontrolle: Bild.
- Tipp: aufkleben und ausmalen.

1 × 1 mit 3, 6, 9

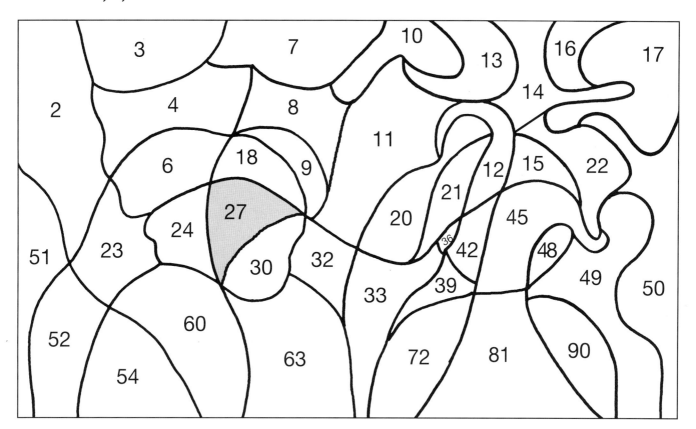

9 · 3 = 27
7 · 6 = ___
6 · 9 = ___
7 · 3 = ___
7 · 9 = ___
2 · 3 = ___
8 · 6 = ___
2 · 9 = ___
5 · 3 = ___

6 · 6 = ___
3 · 3 = ___
8 · 9 = ___
9 · 9 = ___
5 · 9 = ___
4 · 6 = ___
10 · 9 = ___
4 · 3 = ___
5 · 6 = ___
10 · 6 = ___

Lösungen:

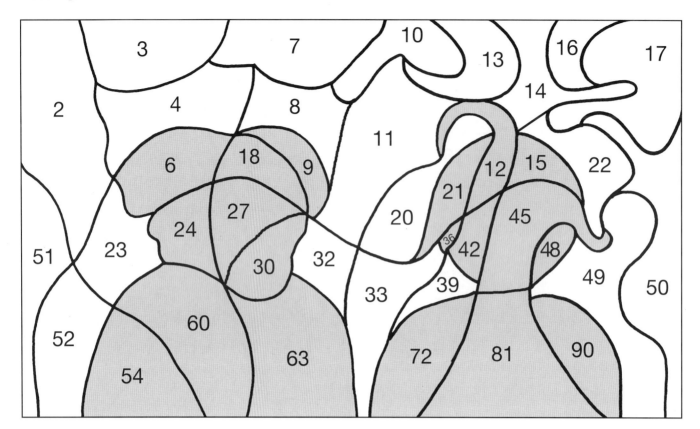

9 · 3 = 27	6 · 6 = 36
7 · 6 = 42	3 · 3 = 9
6 · 9 = 54	8 · 9 = 72
7 · 3 = 21	9 · 9 = 81
7 · 9 = 63	5 · 9 = 45
2 · 3 = 6	4 · 6 = 24
8 · 6 = 48	10 · 9 = 90
2 · 9 = 18	4 · 3 = 12
5 · 3 = 15	5 · 6 = 30
	10 · 6 = 60

Spielregel:

- Aufgaben lösen.
- Ergebniszahlen im Bildteil aufsuchen und entsprechende Felder mit einer Farbe (Bleistift) anmalen.
- Selbstkontrolle: Bild (Umriss).
- Tipp: Durch Vergleich mit ausliegendem Lösungsblatt wird die Kontrolle sicherer.

1 × 1 mit 7

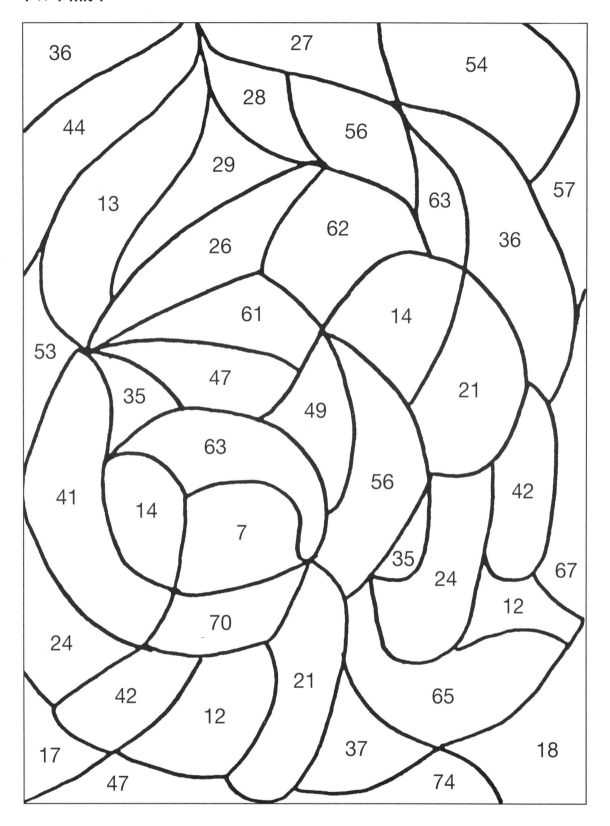

AUSMALEN

Lösungen:

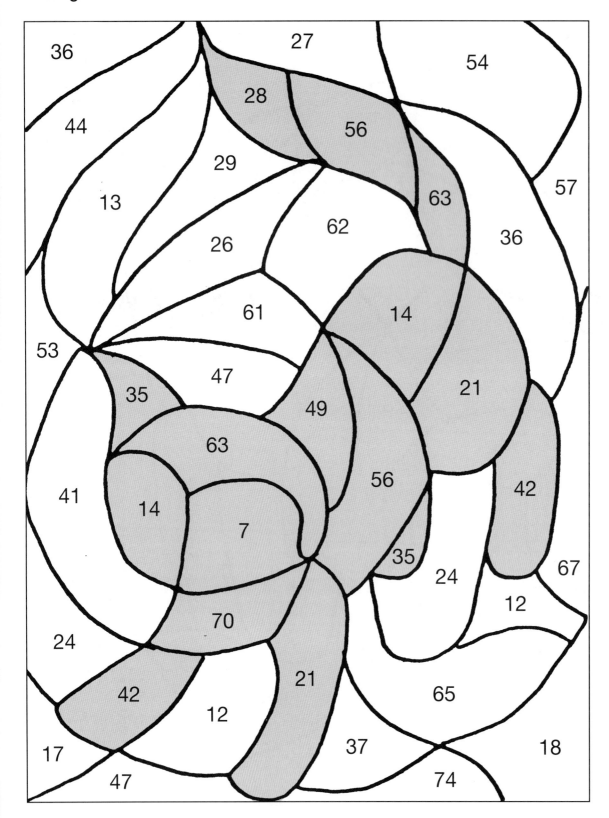

Spielregel:

- Zahl aus der 7er-Reihe suchen.
- Zugehöriges Feld ausmalen (Bleistift oder Buntstift).
- Selbstkontrolle: Bild.
- Tipp: Lösungsfolie bereitlegen.

1 × 1 mit 4, 8, 3, 6, 9, 7

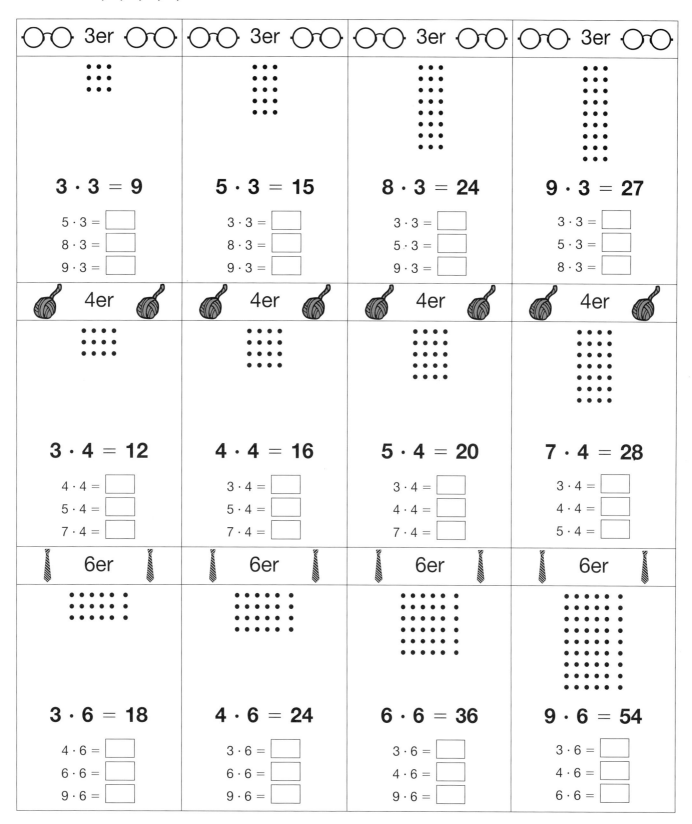

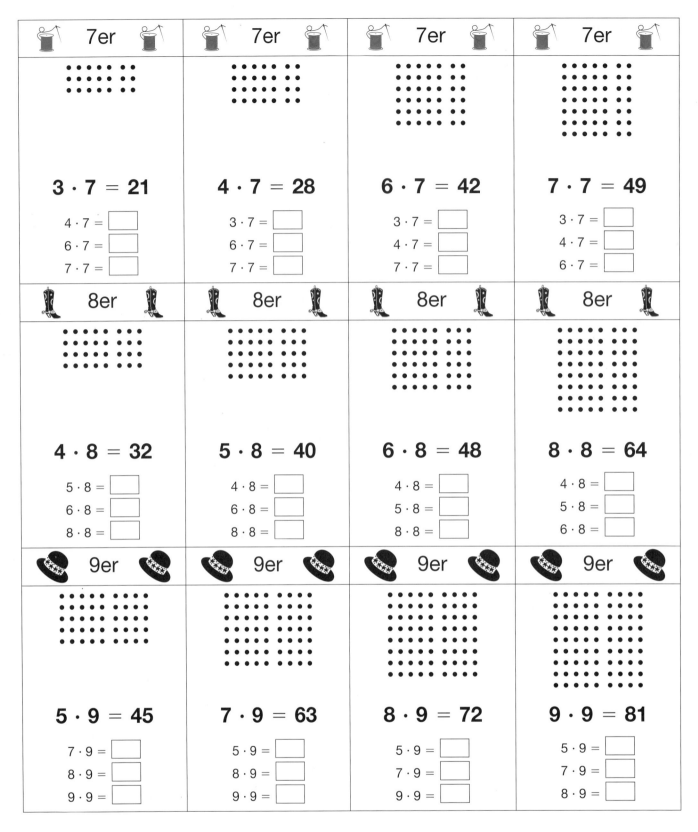

Spielregel:

- Spielkarten ausschneiden (24 Stück).
- Karten mischen und an die Mitspieler *(mehr als 2)* gleichmäßig verteilen.
- Festlegen, wer beginnen darf.
- Beliebige Mitspieler so oft nach einer Karte von einem Quartett fragen, von dem man schon eine Karte besitzt, bis der Befragte die gesuchte Karte nicht hat oder man selbst ein falsches Ergebnis nennt (die Frage muss die obere Aufgabe mit dem richtigen Ergebnis der gesuchten Karte umfassen).
- Die nachgefragte Karte aushändigen, wenn man sie besitzt und die Frage korrekt war.
- Kann die Karte nicht ausgehändigt werden, geht das Fragerecht auf den Befragten über.
- Je vier passende Karten zu einem Quartett ablegen (gleiche Kopfleiste).
- Gewinner ist, wer die meisten Quartette ablegen konnte.
- Kontrolle: durch Mitspieler.
- Tipp: Karten vor dem Ausschneiden auf Karton kleben.

Alle 1 × 1-Reihen

B

waagerecht

a = das Doppelte von neun
c = das Sechsfache von vier
e = das Doppelte von sieben
g = das Dreifache von sieben
i = das Zehnfache von neun
k = das Doppelte von vier

senkrecht

b = neun mit sich selbst multipliziert
d = das Siebenfache von sechs
f = sieben mit sich selbst multipliziert
h = wie bei „a"–waagerecht!

A

waagerecht

A = 4 · 4
C = 6 · 7
E = 7 · 5
G = 2 · 9
K = 8 · 8
L = 3 · 3
M = 9 · 8
P = 5 · 9
S = 9 · 6

senkrecht

B = 9 · 7
D = 7 · 3
F = 8 · 7
H = 10 · 8
I = 3 · 9
L = 10 · 9
N = 8 · 3
O = 5 · 5

KREUZZAHLRÄTSEL

Lösungen:

Ⓐ

A	B		C	D		
1	6		4	2		
	E	F		G	H	
	3	5		1	8	
I		K				L
2		6	4		0	9
M	N			O		
7	2			2		0
	P	R		S	T	
	4	5		5	4	

Ⓑ *

a	b		c	d		
1	8		2	4		
	e	f		g	h	
	1	4		2	1	
		i			k	
		9	0		8	

Spielregel:

- Aufgaben lösen.
- Ergebniszahlen an die durch Buchstaben und Richtung bezeichneten Plätze des Gitters eintragen. (Achtung bei mehrstelligen Zahlen senkrecht: Einer immer unten.)
- Selbstkontrolle: Doppelbelegung zahlreicher Plätze durch Ergebnisziffern zweier Aufgaben.
- Tipp: Zwei Spiele zum gleichen Lerninhalt, Spiel B schwieriger durch Text.

1 : 1 durch 2, 4, 8

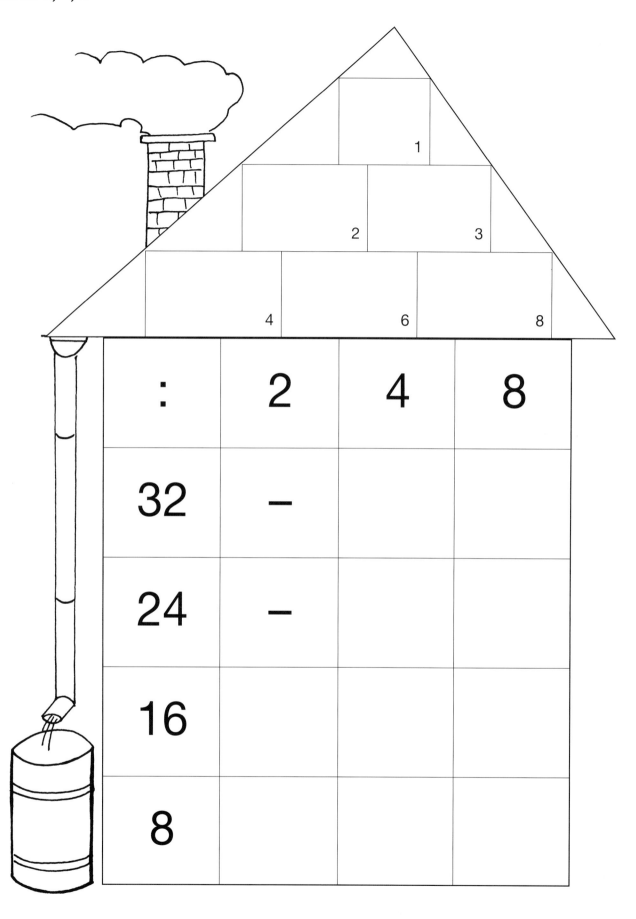

Partnerspiel, je Spieler ca. zehn gleichfarbige Steckwürfel (Plättchen)

Aus: Rechenspiele für die Klasse 2, Auer Verlag GmbH, Donauwörth.
Als Kopiervorlage freigegeben.

FELDER BELEGEN

Lösungen:

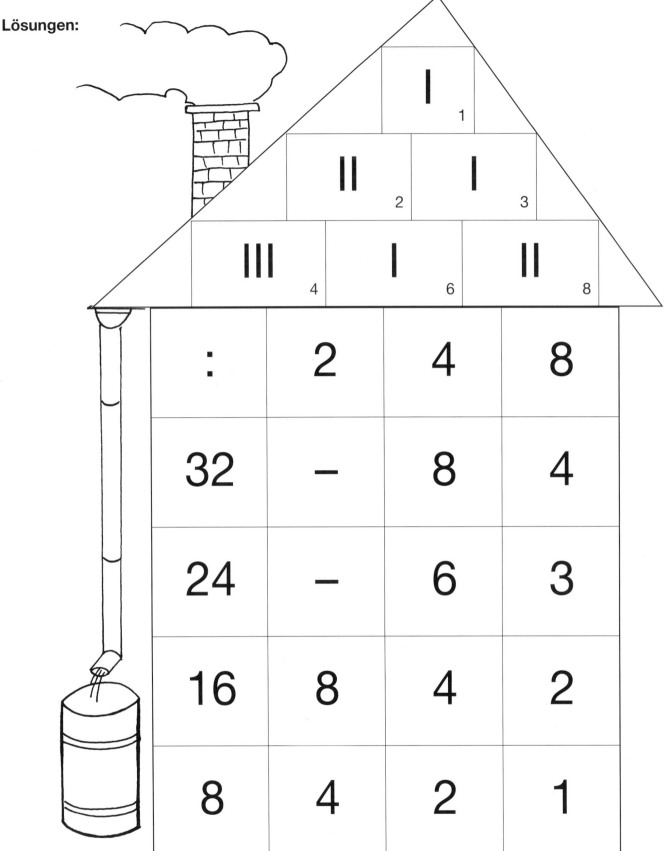

Spielregel:

- Abwechselnd eine Aufgabe aus der 1 : 1-Tafel wählen.
- Entsprechendes Ergebnisfeld des Hauses **und** des Speichers mit je 1 Steckwürfel besetzen.
- Wechselweise so weitermachen, bis alle Felder im Haus belegt sind.
- Gewinner ist, wer die meisten Ergebnisfelder im Speicher besitzt.
- Das Spiel lässt sich auch zu dritt oder viert spielen.

1 : 1 durch 3, 6, 9

63 : 9 = ___	60 : 6 = ___	9 : 3 = ___	36 : 6 = ___	45 : 9 = ___
9 : 9 = ___	30 : 3 = ___	18 : 6 = ___	72 : 9 = ___	15 : 3 = ___
48 : 6 = ___	27 : 3 = ___	12 : 6 = ___	24 : 6 = ___	6 : 6 = ___
81 : 9 = ___	18 : 3 = ___	36 : 9 = ___	21 : 3 = ___	18 : 9 = ___

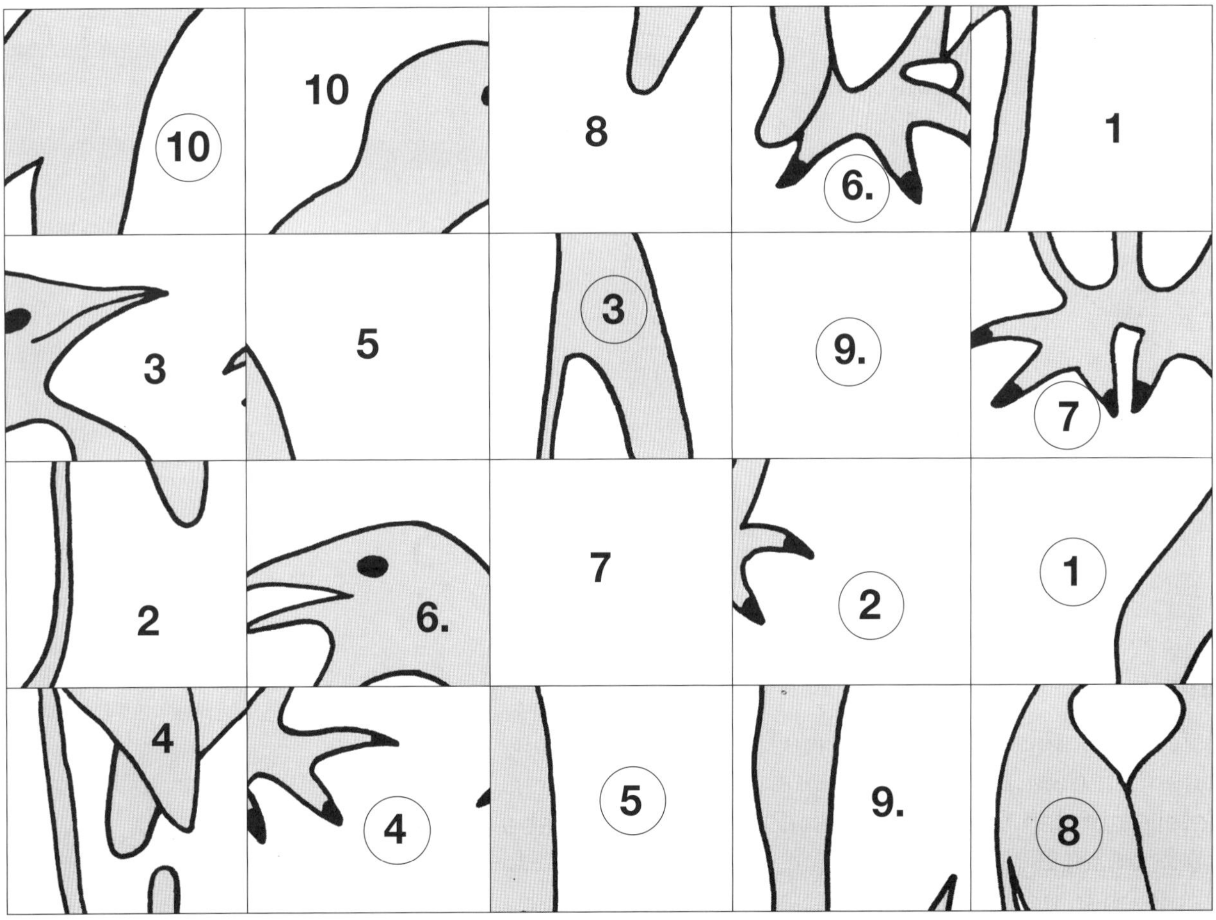

Aus: Rechenspiele für die Klasse 2, Auer Verlag GmbH, Donauwörth.
Als Kopiervorlage freigegeben.

PUZZLE

Lösungen:

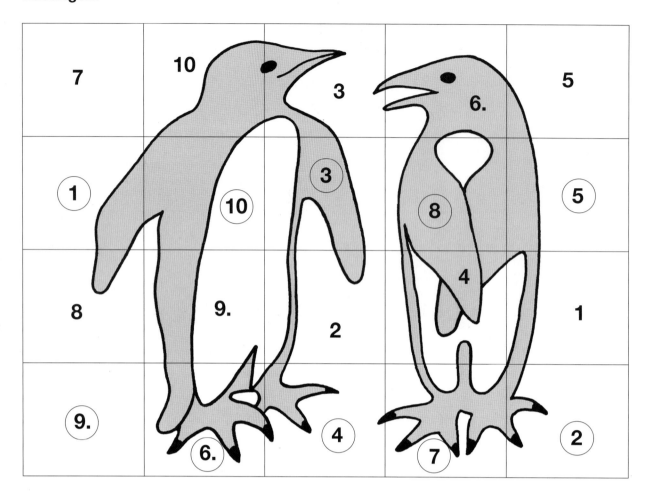

Spielregel:

- Puzzleteile (mit Bildteil) ausschneiden.
- Aufgaben auf dem Spielteil lösen (Kringel beachten).
- Puzzleteile auf den Spielplan legen (Zuordnung: Aufgabe – Ergebnis).
- Selbstkontrolle: Bild.
- Tipp: aufkleben und ausmalen.

1 : 1 durch 3, 6, 9

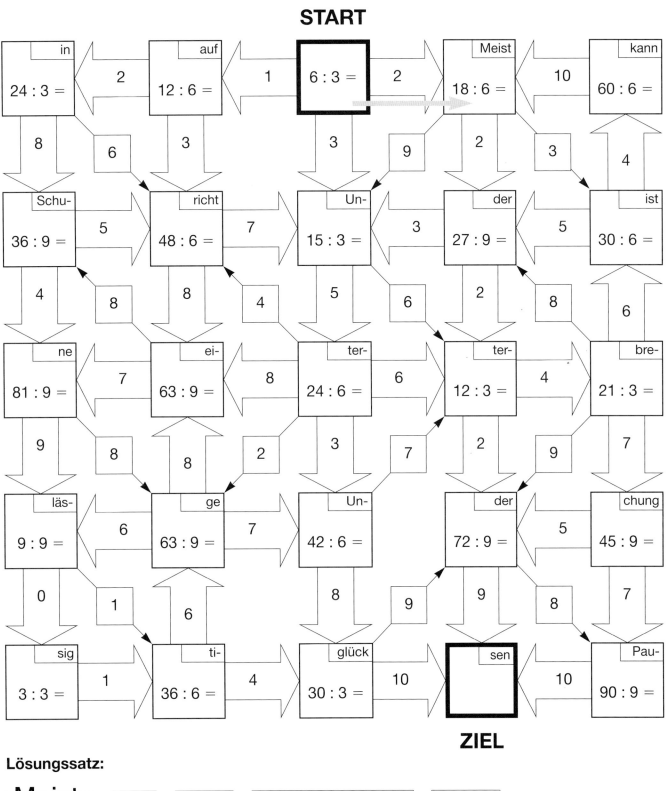

Lösungssatz:

Meist ___ ___ ___ ___

___ ___ ___ ___ !

Lösungen:

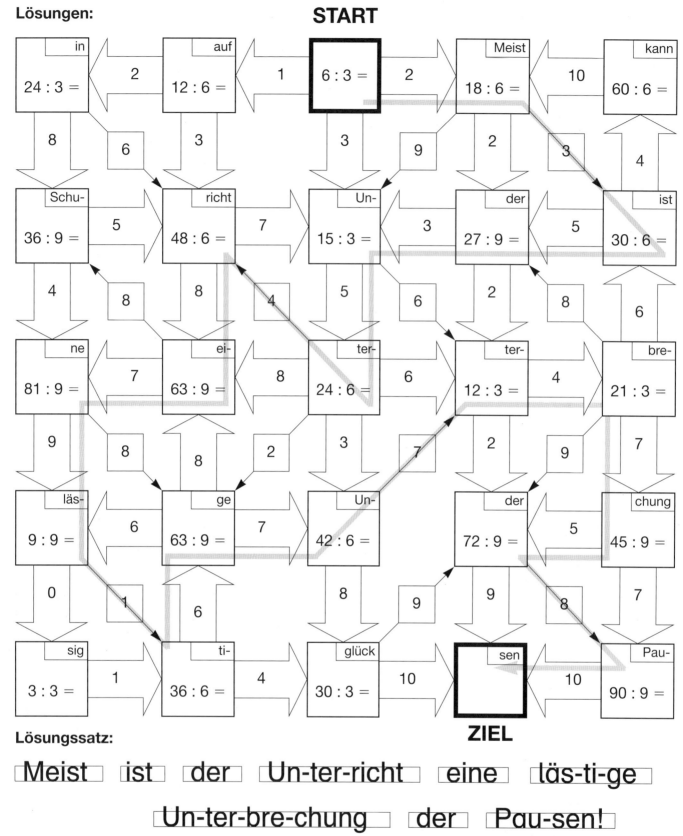

Lösungssatz:

Meist ist der Un-ter-richt eine läs-ti-ge Un-ter-bre-chung der Pau-sen!

Spielregel:

- Aufgaben in den Quadraten lösen (bei „START" beginnen).
- Dem Pfeil mit der richtigen Ergebniszahl zur nächsten Aufgabe folgen.
- Silben bzw. Wörter aus den Quadraten in die Lösungszeilen eintragen in der Reihenfolge, wie die Quadrate durchlaufen werden.
- Selbstkontrolle: Ende bei „ZIEL" und sinnvoller Lösungssatz.

1 : 1 durch alle Zahlen

Gruppenspiel bis vier Personen.
Was braucht man? Einen Würfel, je eine Spielmarke;

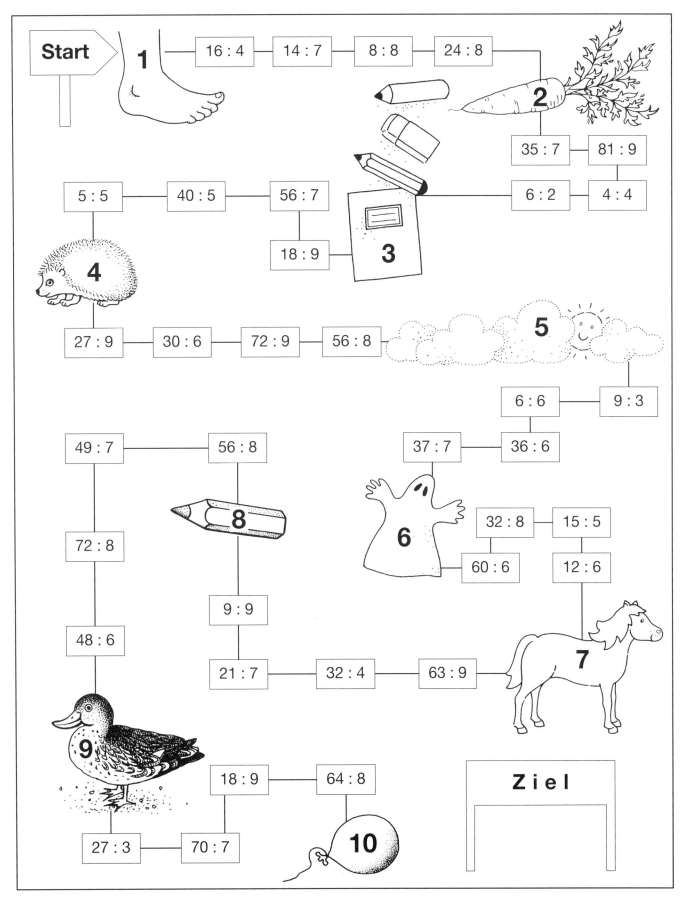

Aus: Rechenspiele für die Klasse 2, Auer Verlag GmbH, Donauwörth.
Als Kopiervorlage freigegeben.

Spielregel:

- Alle Spielmarken auf „Start".
- Abwechselnd würfeln und entsprechend der Augenzahl vorrücken.
- Gegebenenfalls Aufgabe auf erreichtem Feld lösen und Spielmarke auf Ergebniszahl (Zahlenfeld) setzen.
- „Ziel" (10) muss genau erreicht werden.

1 : 1 durch alle Zahlen

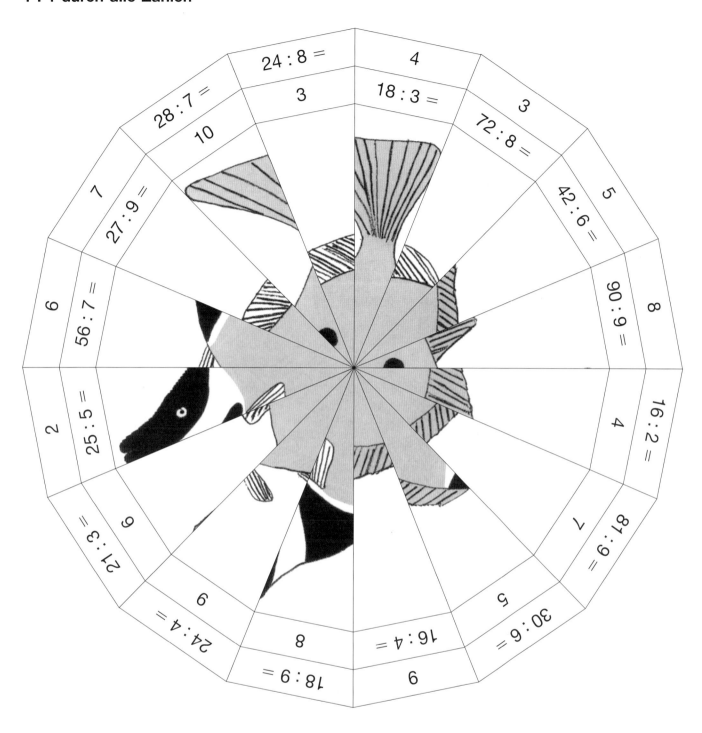

Lösungen:

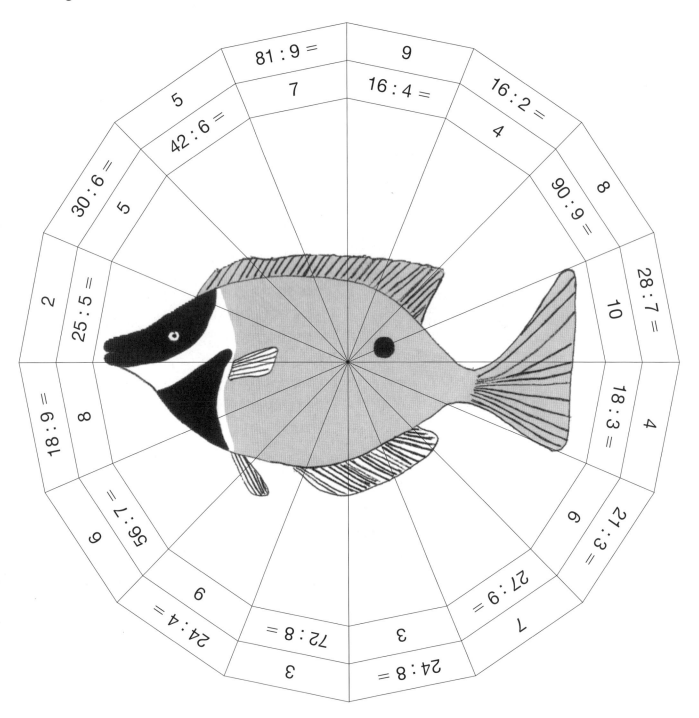

Spielregel:

- Dominoteile („Tortenstücke") ausschneiden.
- Aufgabe auf beliebigem Teil lösen.
- Dominoteil mit passender Lösungszahl **rechts** anlegen (Lösungszahl in gleicher Höhe wie Aufgabe!).
- Neue Aufgabe auf diesem Teil lösen usw.
- Selbstkontrolle: Kreis mit Bild in der Mitte.
- Tipp: aufkleben.

1 : 1 durch alle Zahlen

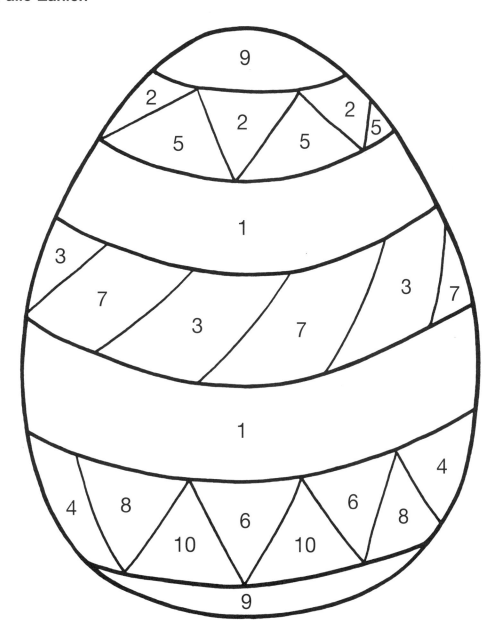

9 : 9 = ◯ hellrot
16 : 4 = ◯ hellgrün
49 : 7 = ◯ dunkelblau
45 : 9 = ◯ orange
14 : 7 = ◯ gelb
30 : 5 = ◯ dunkelrot
20 : 2 = ◯ weiß
24 : 8 = ◯ hellblau
7 : 7 = ◯ hellrot
27 : 9 = ◯ hellblau

12 : 6 = ◯ gelb
18 : 3 = ◯ dunkelrot
100 : 10 = ◯ weiß
21 : 3 = ◯ dunkelblau
25 : 5 = ◯ orange
32 : 8 = ◯ hellgrün
24 : 3 = ◯ dunkelgrün
16 : 2 = ◯ dunkelgrün
54 : 6 = ◯ grau
36 : 4 = ◯ grau

Aus: Rechenspiele für die Klasse 2, Auer Verlag GmbH, Donauwörth.
Als Kopiervorlage freigegeben.

Lösungen:

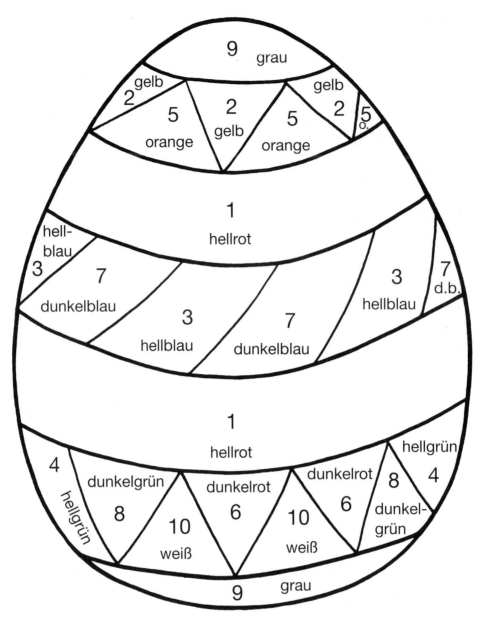

9 : 9 = ① hellrot		12 : 6 = ② gelb
16 : 4 = ④ hellgrün		18 : 3 = ⑥ dunkelrot
49 : 7 = ⑦ dunkelblau		100 : 10 = ⑩ weiß
45 : 9 = ⑤ orange		21 : 3 = ⑦ dunkelblau
14 : 7 = ② gelb		25 : 5 = ⑤ orange
30 : 5 = ⑥ dunkelrot		32 : 8 = ④ hellgrün
20 : 2 = ⑩ weiß		24 : 3 = ⑧ dunkelgrün
24 : 8 = ③ hellblau		16 : 2 = ⑧ dunkelgrün
7 : 7 = ① hellrot		54 : 6 = ⑨ grau
27 : 9 = ③ hellblau		36 : 4 = ⑨ grau

Spielregel:

- Aufgaben lösen.
- Ergebniszahlen im Bildteil aufsuchen und entsprechend Felder in den angegebenen Farben anmalen.
- Ergebnis: farbiges Bild.
- Tipp: Durch Vergleich mit ausliegendem Lösungsblatt wird die Kontrolle möglich.

1 : 1 durch alle Zahlen

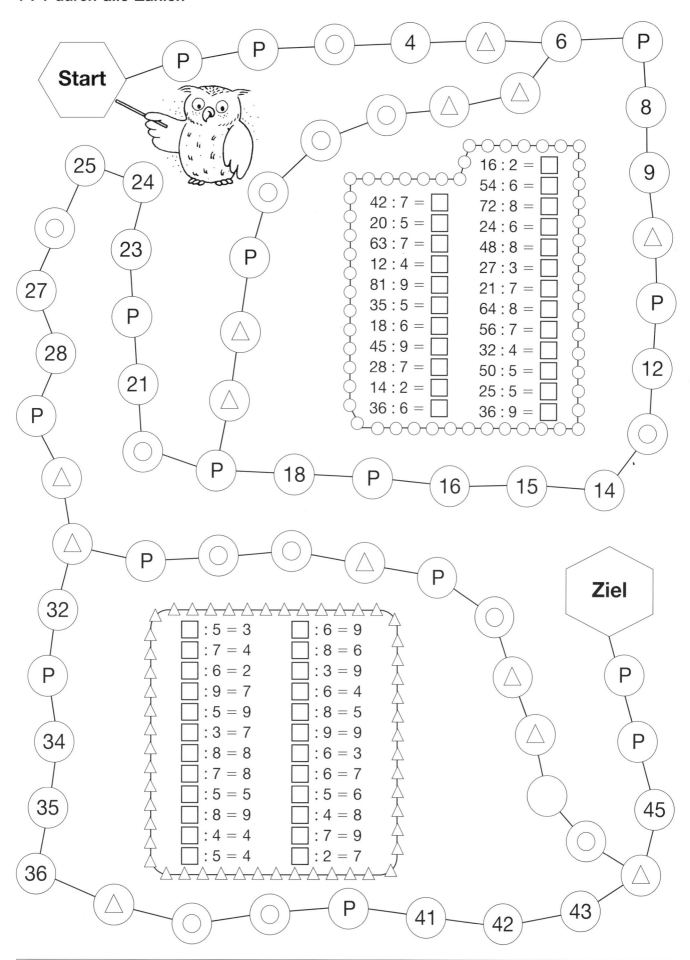

WÜRFELSPIEL 83*

Spielregeln:

- Erreichen eines Feldes mit P: Der Spieler darf ohne weitere Aufgaben hier „parken".
- Erreichen eines Feldes mit Zahl: Kann der Spieler eine Divisionsaufgabe mit dieser Zahl als Ergebnis nennen, so darf er 3 Felder vorrücken. Kennt er keine Aufgabe oder ist die genannte Aufgabe falsch, so setzt er eine Runde aus.
- Erreichen eines Feldes mit ○: Der Spielleiter stellt dem Spieler eine Aufgabe aus dem ○-Kasten. Wird die Aufgabe richtig gelöst, rückt der Spieler 2 Felder vor. Ist sie falsch, muss der Spieler an den Start zurück.
- Erreichen eines Feldes mit △: Der Spielleiter stellt dem Spieler eine Aufgabe aus dem △-Kasten. Wird die Aufgabe richtig gelöst, rückt der Spieler 3 Felder vor. Ist die Lösung falsch, setzt der Spieler eine Runde aus.
- Zielfeld genau erreichen.

· 7 und : 7

Aufgabe	Ergebnis	Text	Aufgabe	Ergebnis	Text
0 · 7 =	0	Der	63 : 7 =		um
5 · 7 =		los	35 : 7 =		a
2 · 7 =		un	70 : 7 =		sonst
9 · 7 =		mer	49 : 7 =		lich
8 · 7 =		nicht	21 : 7 =		ist
3 · 7 =		richt	56 : 7 =		im
6 · 7 =		ber	7 : 7 =		Schul
4 · 7 =		kos	28 : 7 =		ten
7 · 7 =		fent	14 : 7 =		ter
			42 : 7 =		hof

Lösungssatz:

0	1	14	2	21	3	28	4	35	5	42
Der									,	

6	49	7	56	8	63	9	10
							.

Aus: Rechenspiele für die Klasse 2, Auer Verlag GmbH, Donauwörth.
Als Kopiervorlage freigegeben.

GEHEIMSCHRIFT

Lösungen:

Aufgabe	Ergebnis	Text	Aufgabe	Ergebnis	Text
0 · 7 =	0	Der	63 : 7 =	9	um
5 · 7 =	35	los	35 : 7 =	5	a
2 · 7 =	14	un	70 : 7 =	10	sonst
9 · 7 =	63	mer	49 : 7 =	7	lich
8 · 7 =	56	nicht	21 : 7 =	3	ist
3 · 7 =	21	richt	56 : 7 =	8	im
6 · 7 =	42	ber	7 : 7 =	1	Schul
4 · 7 =	28	kos	28 : 7 =	4	ten
7 · 7 =	49	fent	14 : 7 =	2	ter
			42 : 7 =	6	hof

Lösungssatz:

0	1	14	2	21	3	28	4	35	5	42
Der	Schul-	un-	ter-	richt	ist	kos-	ten-	los,	a	ber

6	49	7	56	8	63	9	10
hof	-fent	-lich	nicht	im	-mer	um	-sonst.

Spielregel:

- Aufgaben lösen.
- Ergebniszahlen in Lösungszeilen suchen und an diese Stellen die Textbestandteile hinter den Zahlen eintragen.
- Selbstkontrolle: sinnvoller Lösungssatz.

1 × 1 und 1 : 1 mit 5, 6, 7, 8, 9

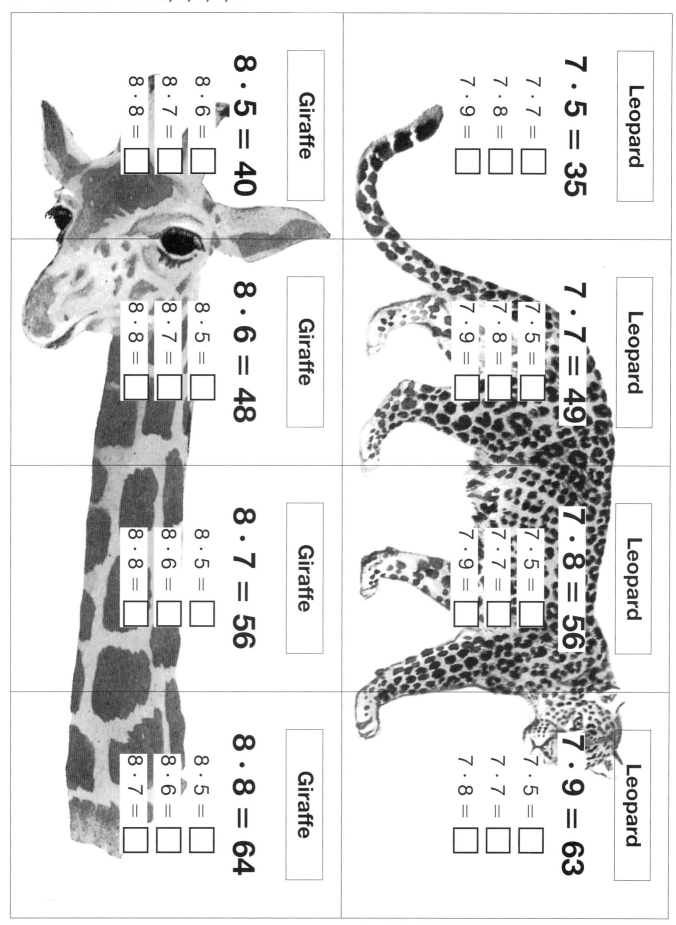

Zu diesem Spiel gehören vier Seiten.

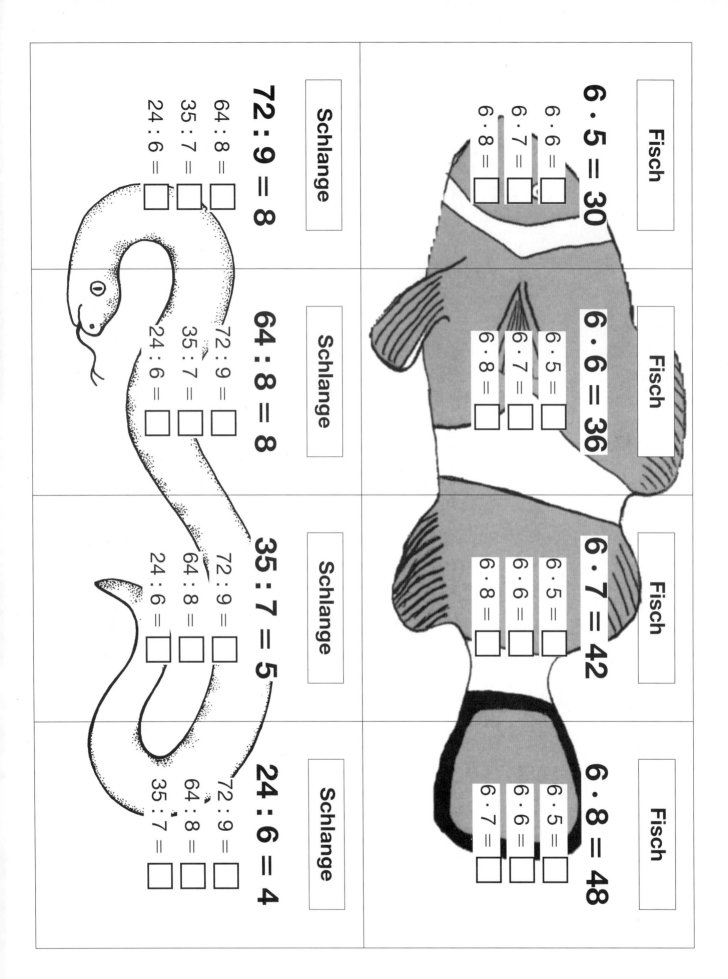

Zu diesem Spiel gehören vier Seiten.

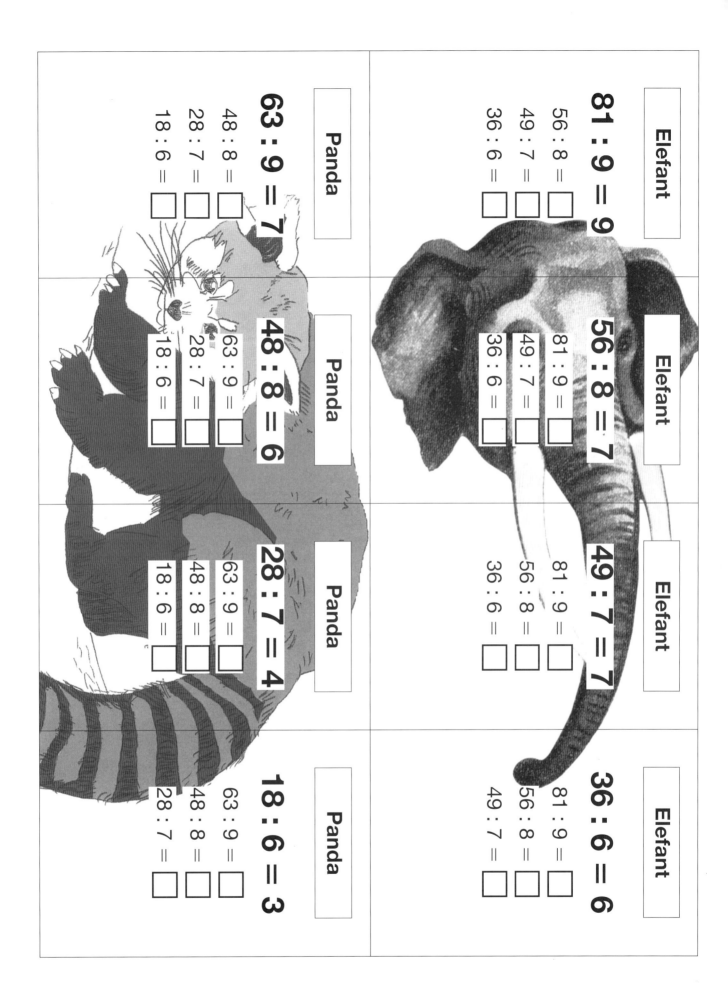

Zu diesem Spiel gehören vier Seiten.

Spielregel:

- Alle 24 Quartett-Karten ausschneiden (Arbeitsteilung) und gleichmäßig an die Mitglieder austeilen (einzelne Spieler bekommen je nach Teilnehmerzahl 1 Karte mehr).
- Karten verdeckt und gefächert in der Hand halten.
- Einen Mitspieler so oft nach einer Karte von einem Quartett fragen, von dem man schon eine Karte besitzt, indem man eine Aufgabe von seiner eigenen Karte abliest und das Ergebnis nennt, bis ein Befragter eine gesuchte Karte nicht besitzt bzw. bis der Fragende ein falsches Ergebnis nennt.
- Die Karte aushändigen, wenn man als Befragter die entsprechende Karte besitzt.
- Je 4 passende Karten zu einem Quartett ablegen.
- Gewinner ist, wer die meisten Quartette ablegen kann.
- Kontrolle: durch die Mitspieler.

1 × 1 und 1 : 1 mit allen Reihen

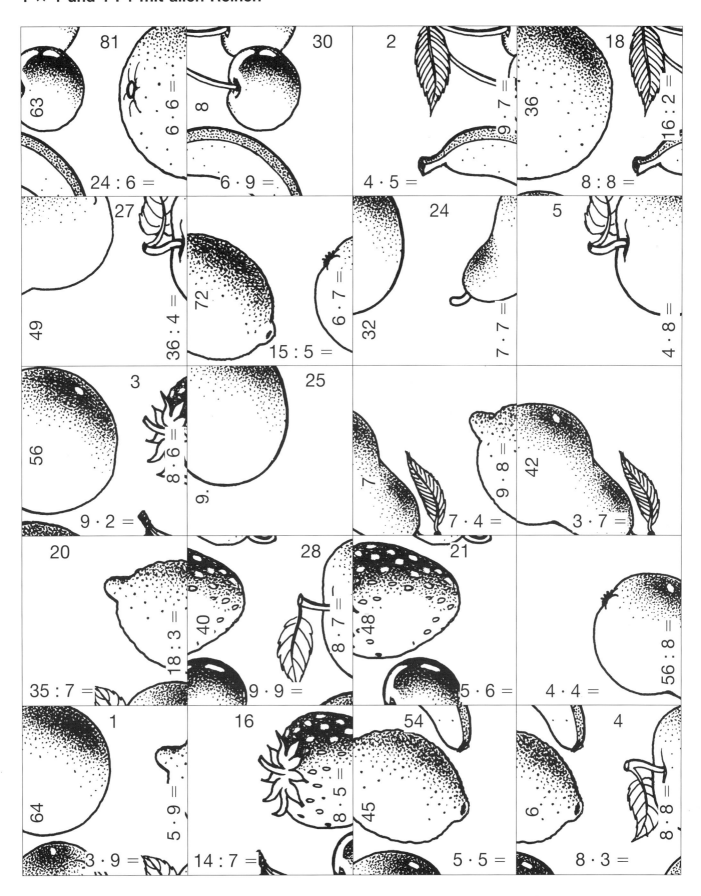

(FLÄCHEN-)DOMINO

Lösungen:

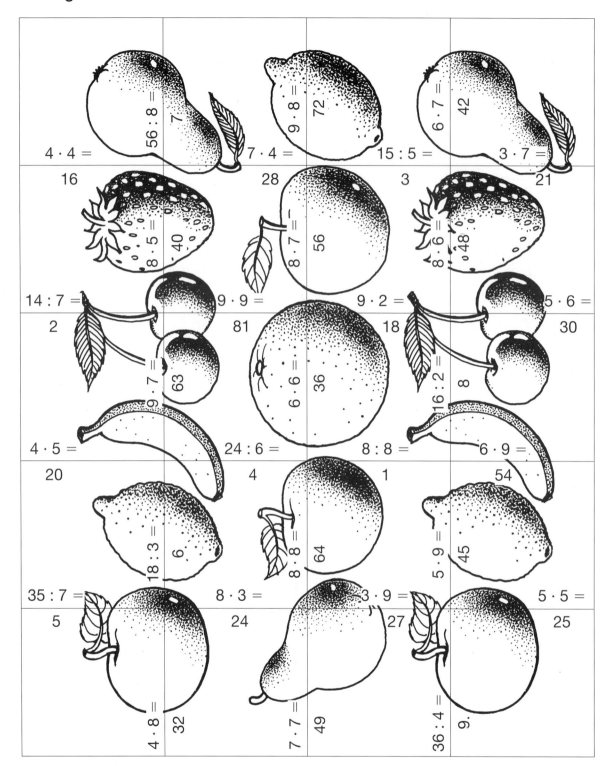

Spielregel:

- Dominoteile ausschneiden.
- Aufgabe auf beliebigem Teil lösen.
- Dominoteile mit passender Lösungszahl anlegen (Lösungszahl und Aufgabe Rand an Rand).
- Neue Aufgabe auf diesem Teil lösen usw.
- Selbstkontrolle: Bild.
- Tipp: Auf den Außenrändern stehen keine Zahlen; diese Teile und die Eckstücke zuerst heraussuchen.

1 × 1 ± E und 1 : 1 ± E

waagerecht →
senkrecht ↓

	A	B		C	D		E	F
		G	H		I	K		
	L		M	N				
	O	P		Q				R
		S	T				U	
	V		W	X		Y		
	Z			a				

waagerecht

A: 7 · 7 − 1 = _____
C: 8 · 8 + 1 = _____
E: 7 · 4 + 8 = _____
G: 81 : 9 + 9 = _____
I: 7 · 8 + 5 = _____
M: 9 · 7 − 9 = _____
O: 5 · 5 − 1 = _____
Q: 10 · 10 − 0 = _____
S: 8 · 8 − 5 = _____
U: 9 · 5 + 4 = _____
V: 28 : 7 − 2 = _____
W: 6 · 6 − 4 = _____
Y: 4 · 8 + 3 = _____
Z: 9 · 6 + 4 = _____
a: 8 · 8 + 8 = _____

senkrecht

B: 10 · 8 + 1 = _____
D: 6 · 9 + 2 = _____
F: 8 · 8 − 1 = _____
H: 9 · 9 + 4 = _____
K: 10 · 10 + 0 = _____
L: 6 · 8 − 6 = _____
N: 6 · 7 − 1 = _____
P: 4 · 10 + 5 = _____
R: 10 · 10 − 1 = _____
T: 10 · 9 + 3 = _____
U: 8 · 6 − 3 = _____
V: 5 · 6 − 5 = _____
X: 4 · 7 − 1 = _____
Y: 36 : 6 − 3 = _____
a: 63 : 7 − 2 = _____

Lösungen:

waagerecht →

senkrecht ↓

	A	B		C	D		E	F
	4	8		6	5		3	6
		G 1	H 8		I 6	K 1		3
	L 4		M 5	N 4		0		
	O 2	P 4		Q 1	0	0		R 9
		S 5	T 9				U 4	9
	V 2		W 3	X 2		Y 3	5	
	Z 5	8		a 7	2			

waagerecht

- A: 7 · 7 − 1 = 48
- C: 8 · 8 + 1 = 65
- E: 7 · 4 + 8 = 36
- G: 81 : 9 + 9 = 18
- I: 7 · 8 + 5 = 61
- M: 9 · 7 − 9 = 54
- O: 5 · 5 − 1 = 24
- Q: 10 · 10 − 0 = 100
- S: 8 · 8 − 5 = 59
- U: 9 · 5 + 4 = 49
- V: 28 : 7 − 2 = 2
- W: 6 · 6 − 4 = 32
- Y: 4 · 8 + 3 = 35
- Z: 9 · 6 + 4 = 58
- a: 8 · 8 + 8 = 72

senkrecht

- B: 10 · 8 + 1 = 81
- D: 6 · 9 + 2 = 56
- F: 8 · 8 − 1 = 63
- H: 9 · 9 + 4 = 85
- K: 10 · 10 + 0 = 100
- L: 6 · 8 − 6 = 42
- N: 6 · 7 − 1 = 41
- P: 4 · 10 + 5 = 45
- R: 10 · 10 − 1 = 99
- T: 10 · 9 + 3 = 93
- U: 8 · 6 − 3 = 45
- V: 5 · 6 − 5 = 25
- X: 4 · 7 − 1 = 27
- Y: 36 : 6 − 3 = 3
- a: 63 : 7 − 2 = 7

Spielregel:

- Aufgaben lösen.
- Ergebniszahlen an die durch Buchstaben und Richtung bezeichneten Plätze des Spiels eintragen. (Achtung bei mehrstelligen Zahlen senkrecht: Einer immer **unten**.)
- Selbstkontrolle: Doppelbelegung zahlreicher Plätze mit gleicher Ziffer.

1 × 1 ± E und 1 : 1 ± E

(KREIS-)DOMINO

Lösungen:

Spielregel:

- Dominoteile ("Kuchenstücke") ausschneiden.
- Teile passend (Aufgabe und Ergebnis) aneinander legen.
- Unter (über) dem Ergebnis steht jeweils die nächste Aufgabe.
- Selbstkontrolle: Bild in der Mitte.
- Tipp: aufkleben und ausmalen.

1 × 1 ± E und 1 : 1 ± E

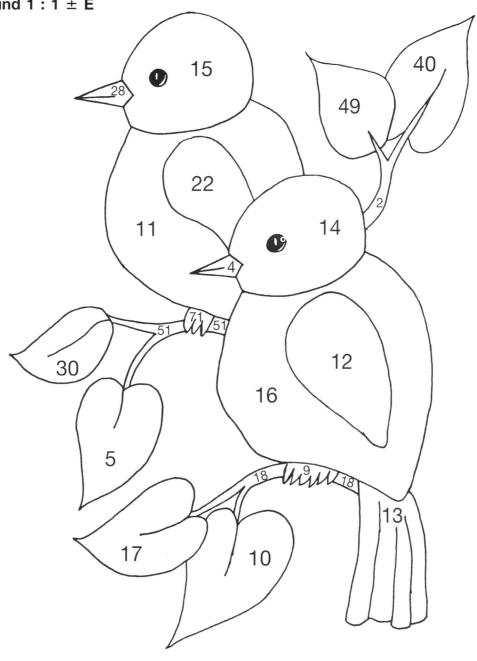

4 · 5 + 8 = ____	gelb	81 : 9 − 4 = ____	hellgrün
9 · 6 − 5 = ____	hellgrün	56 : 8 − 3 = ____	orange
6 · 3 + 4 = ____	rot	45 : 5 + 7 = ____	dunkelgrün
3 · 4 − 1 = ____	dunkelgrün	42 : 7 + 7 = ____	blau
2 · 9 − 3 = ____	blau	48 : 8 + 6 = ____	rot
2 · 8 − 7 = ____	orange	24 : 3 + 9 = ____	hellgrün
7 · 7 − 9 = ____	hellgrün	36 : 4 − 7 = ____	braun
5 · 9 + 6 = ____	braun	32 : 4 + 6 = ____	blau
8 · 8 + 7 = ____	orange	40 : 5 + 2 = ____	hellgrün
3 · 7 + 9 = ____	hellgrün	72 : 8 + 9 = ____	braun

Aus: Rechenspiele für die Klasse 2, Auer Verlag GmbH, Donauwörth.
Als Kopiervorlage freigegeben.

Lösungen:

4 · 5 + 8 = 28	81 : 9 − 4 = 5
9 · 6 − 5 = 49	56 : 8 − 3 = 4
6 · 3 + 4 = 22	45 : 5 + 7 = 16
3 · 4 − 1 = 11	42 : 7 + 7 = 13
2 · 9 − 3 = 15	48 : 8 + 6 = 12
2 · 8 − 7 = 9	24 : 3 + 9 = 17
7 · 7 − 9 = 40	36 : 4 − 7 = 2
5 · 9 + 6 = 51	32 : 4 + 6 = 14
8 · 8 + 7 = 71	40 : 5 + 2 = 10
3 · 7 + 9 = 30	72 : 8 + 9 = 18

Spielregel:

- Aufgaben lösen.
- Ergebniszahlen im Bildteil aufsuchen und entsprechende Felder in den angegebenen Farben anmalen.
- Ergebnis: farbiges Bild.
- Tipp: Durch Vergleich mit ausliegendem Lösungsblatt wird die Kontrolle möglich.

Lösungen:

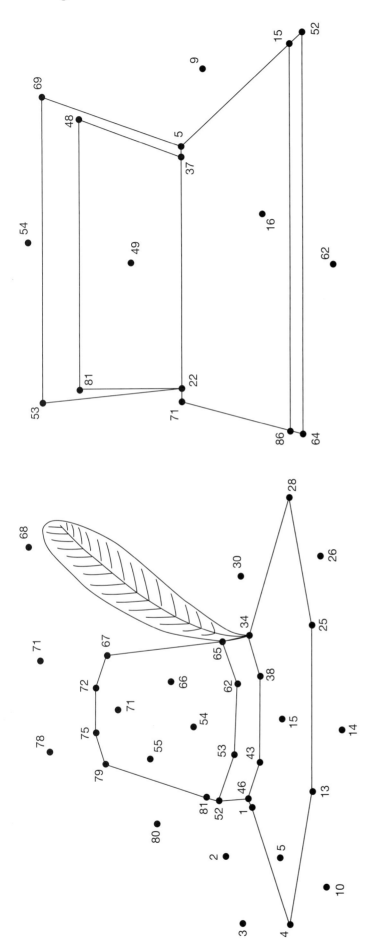

100

Spielregel:

- Alle Aufgaben lösen.
- Bildpunkte in der Reihenfolge der Ergebniszahlen miteinander verbinden (Lineal).
- Selbstkontrolle: Bild.

Ergänzen zu 1 € bzw. zu 1 m

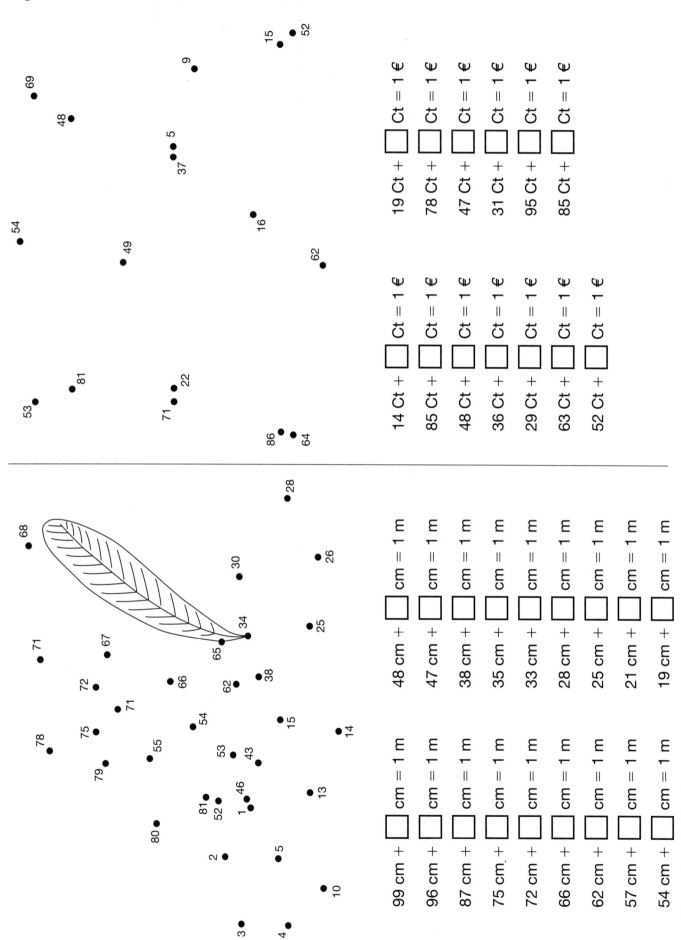

Lösungen:

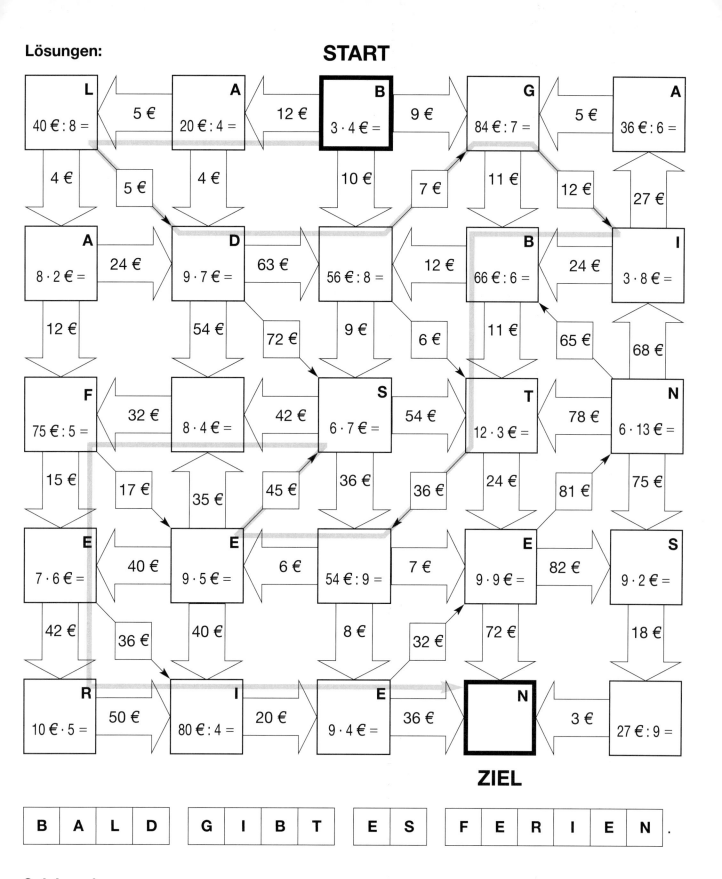

| B | A | L | D | | G | I | B | T | | E | S | | F | E | R | I | E | N | . |

Multiplizieren und Dividieren mit €

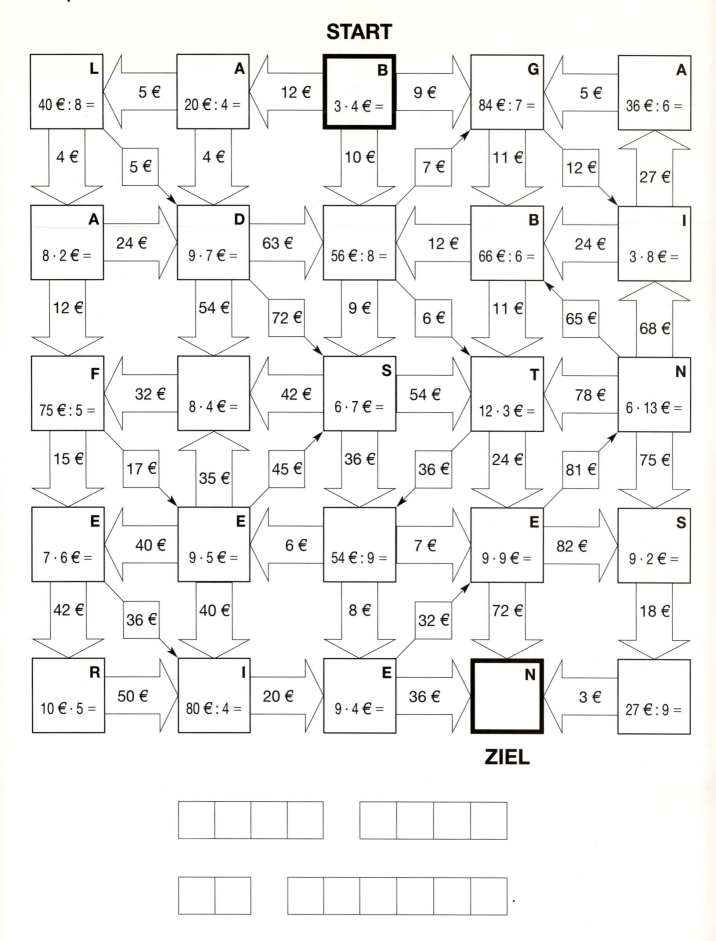

Ergänzen zu 1 DM bzw. zu 1 m

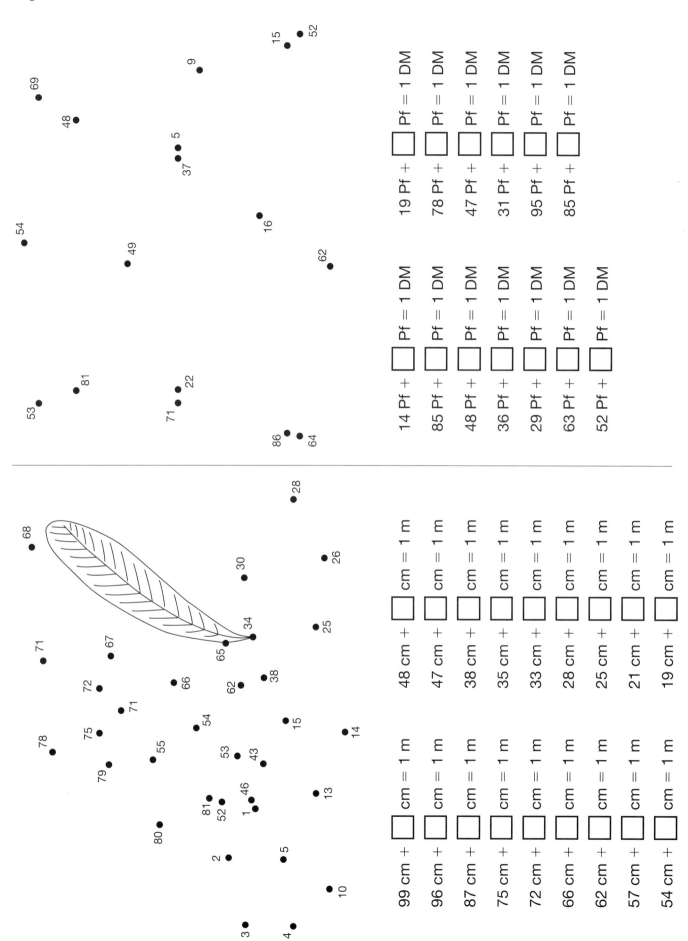

Lösungen:

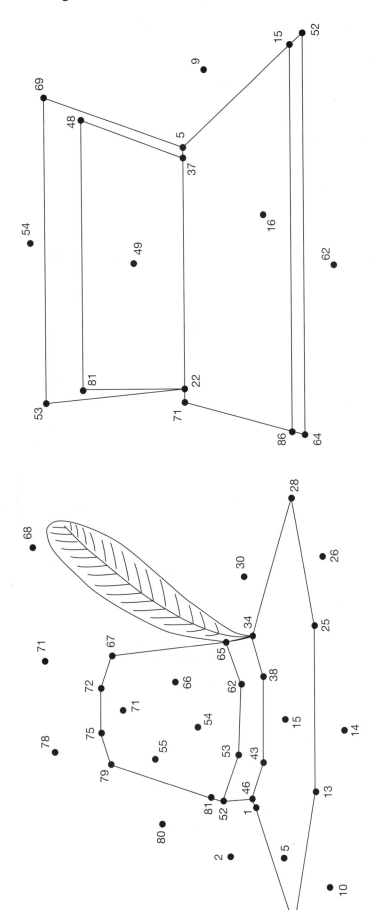

100

Spielregel:

- Alle Aufgaben lösen.
- Bildpunkte in der Reihenfolge der Ergebniszahlen miteinander verbinden (Lineal).
- Selbstkontrolle: Bild.

Addieren mit h und min

RECHENSCHLANGE 101

Lösungen:

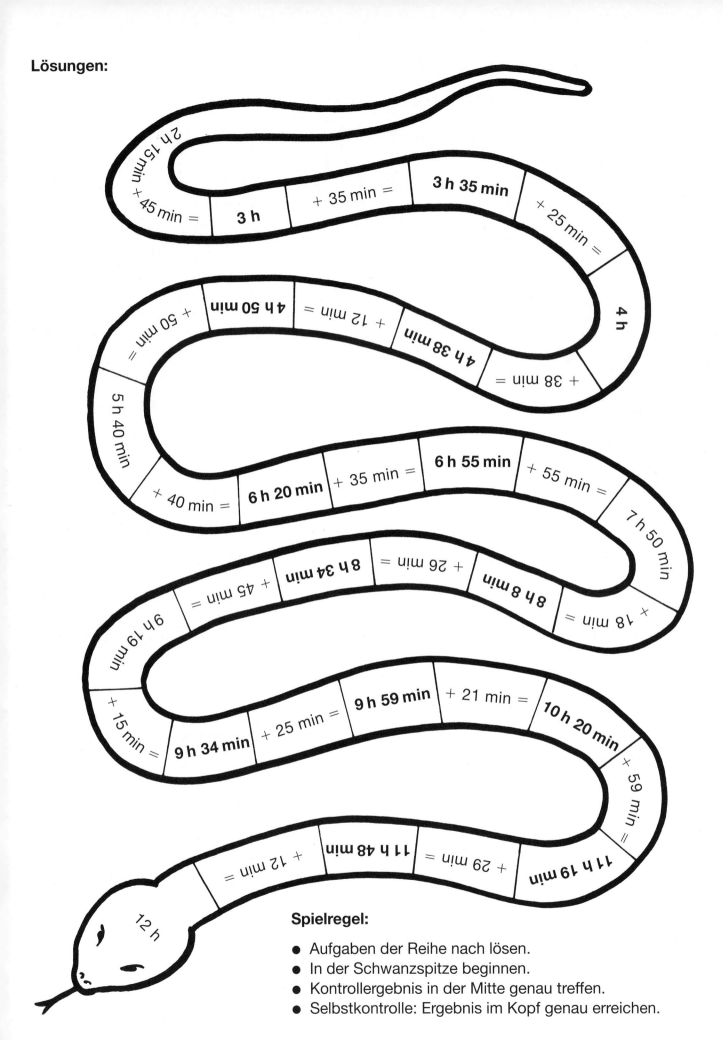

Spielregel:

- Aufgaben der Reihe nach lösen.
- In der Schwanzspitze beginnen.
- Kontrollergebnis in der Mitte genau treffen.
- Selbstkontrolle: Ergebnis im Kopf genau erreichen.

Multiplizieren und Dividieren mit DM

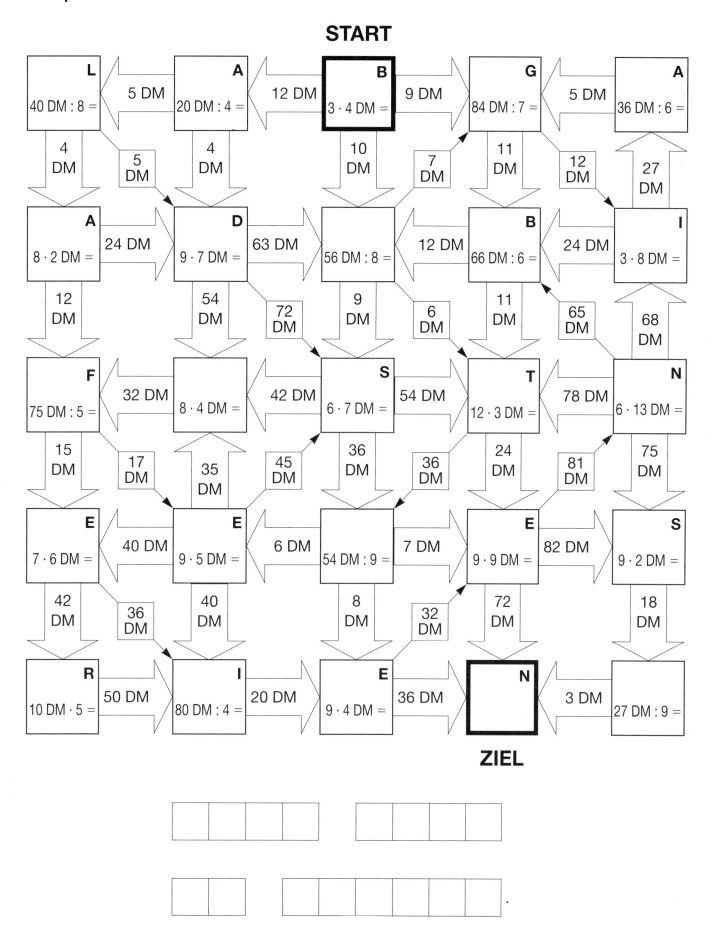

Lösungen:

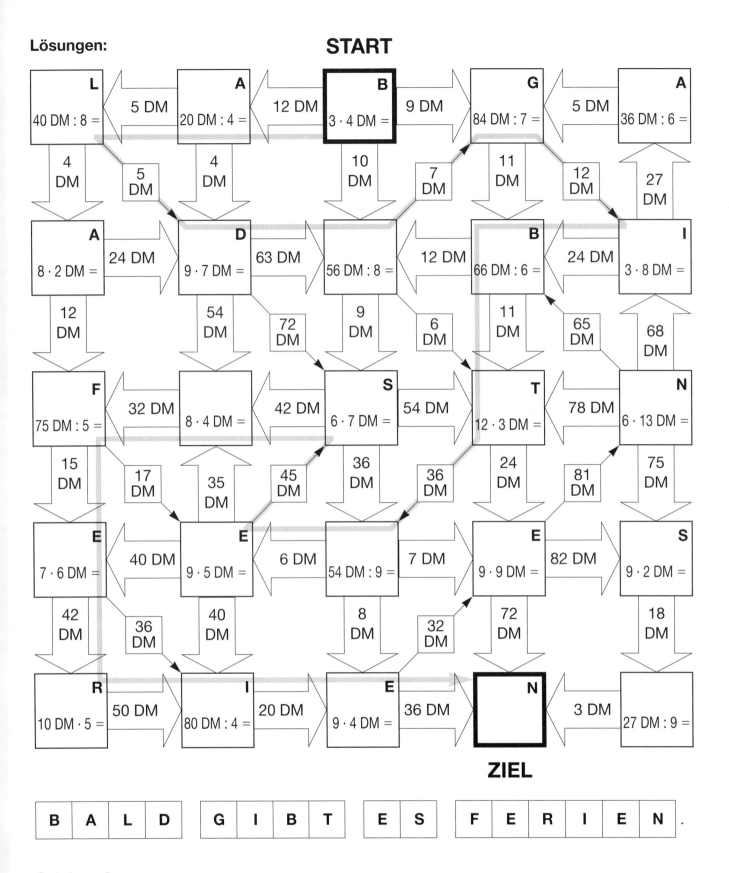

| B | A | L | D | | G | I | B | T | | E | S | | F | E | R | I | E | N | . |

Spielregel:

- Aufgaben in den Quadraten lösen (bei „START" beginnen).
- Dem Pfeil mit der richtigen Ergebniszahl zur nächsten Aufgabe folgen.
- Buchstaben aus den Quadraten in die Lösungszeilen eintragen in der Reihenfolge, wie die Quadrate durchlaufen werden.
- Selbstkontrolle: sinnvoller Lösungssatz.

Sachaufgaben (Geld)

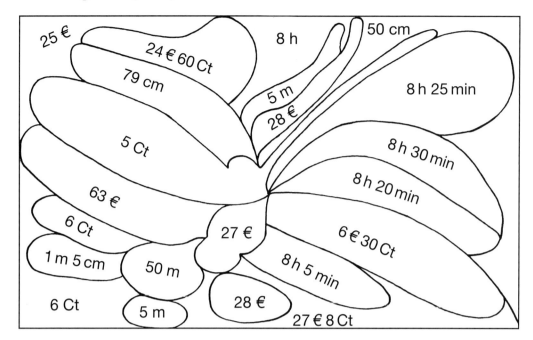

1. Text: Hans fährt mit der Klasse in den Zoo.
   An Taschengeld bekommt er von der Mutter 2 €, von Opa 2 € 50 Ct und von Onkel Heinz 1 € 80 Ct.
   Frage: Wie viel Taschengeld hat Hans bekommen?

2. Text: Von diesem Taschengeld kauft Hans einen Stoffaffen zu 5 € 90 Ct. Für den Rest bekommt er noch genau 8 Kaugummis.
   Frage: Was kostet ein Kaugummi?

3. Text: Die 18 Kinder aus Hans Klasse sind mit dem Bus in den Zoo gefahren. Es durften immer 2 Kinder mit einem Fahrschein fahren. 1 Fahrschein kostet 3 €.
   Frage: Wie viel Fahrgeld muss die Lehrerin einsammeln?

4. Text: Am Wandertag (15. Januar) geht die Sonne um 8.20 Uhr auf und um 16.40 Uhr unter.
   Frage: Wie lange steht die Sonne am Himmel?

5. Text: Am Affenhaus hängt eine Tafel. Darauf steht: „Gorilla Max: Körpergröße bei der Geburt 56 cm, jetzt: 1 m und 35 cm."
   Frage: ?

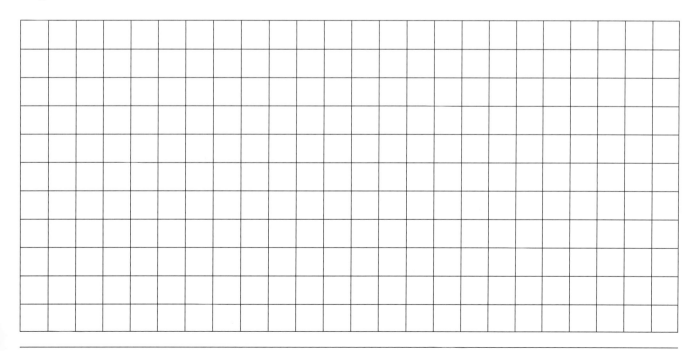

Aus: Rechenspiele für die Klasse 2, Auer Verlag GmbH, Donauwörth.
Als Kopiervorlage freigegeben.

AUSMALEN

Lösungen:

Antworten:
1. Hans hat **6 € 30 Ct** Taschengeld bekommen.
2. Ein Kaugummi kostet **5 Ct**.
3. Die Lehrerin muss **27 €** einsammeln.
4. Die Sonne steht **8 h und 20 min** am Himmel.
5. Gorilla Max ist inzwischen um **79 cm** größer geworden.

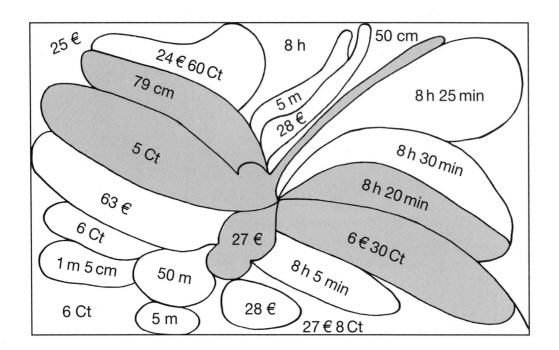

Spielregel:

- Aufgaben lösen und Antworten notieren (Gitterkästchen!).
- Ergebniszahlen im Bildteil aufsuchen und entsprechende Felder mit einer Farbe (Bleistift) anmalen.
- Selbstkontrolle: Bild (Umriss).
- Tipp: Durch Vergleich mit ausliegendem Lösungsblatt wird die Kontrolle sicherer.

Sachaufgaben (Geld)

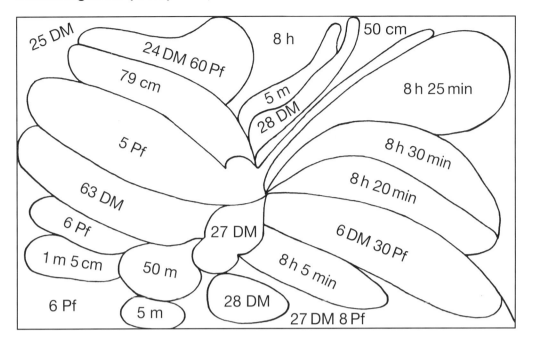

1. Text: Hans fährt mit der Klasse in den Zoo.
   An Taschengeld bekommt er von der Mutter 2 DM, von Opa 2 DM 50 Pf und von Onkel Heinz 1 DM 80 Pf.
   Frage: Wie viel Taschengeld hat Hans bekommen?

2. Text: Von diesem Taschengeld kauft Hans einen Stoffaffen zu 5 DM 90 Pf. Für den Rest bekommt er noch genau 8 Kaugummis.
   Frage: Was kostet ein Kaugummi?

3. Text: Die 18 Kinder aus Hans Klasse sind mit dem Bus in den Zoo gefahren. Es durften immer 2 Kinder mit einem Fahrschein fahren. 1 Fahrschein kostet 3 DM.
   Frage: Wie viel Fahrgeld muss die Lehrerin einsammeln?

4. Text: Am Wandertag (15. Januar) geht die Sonne um 8.20 Uhr auf und um 16.40 Uhr unter.
   Frage: Wie lange steht die Sonne am Himmel?

5. Text: Am Affenhaus hängt eine Tafel. Darauf steht: „Gorilla Max: Körpergröße bei der Geburt 56 cm, jetzt: 1 m und 35 cm."
   Frage: ?

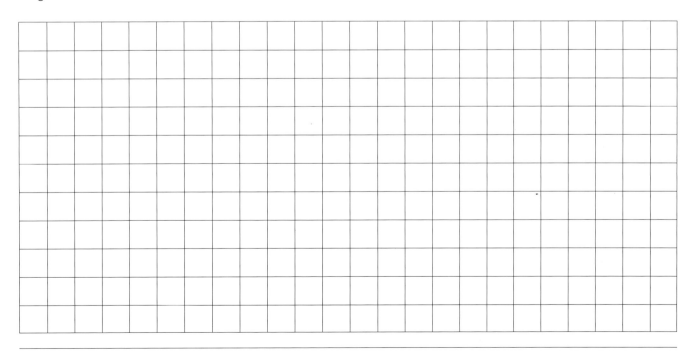

Lösungen:

Antworten:

1. Hans hat **6 DM 30 Pf** Taschengeld bekommen.
2. Ein Kaugummi kostet **5 Pf**.
3. Die Lehrerin muss **27 DM** einsammeln.
4. Die Sonne steht **8 h und 20 min** am Himmel.
5. Gorilla Max ist inzwischen um **79 cm** größer geworden.

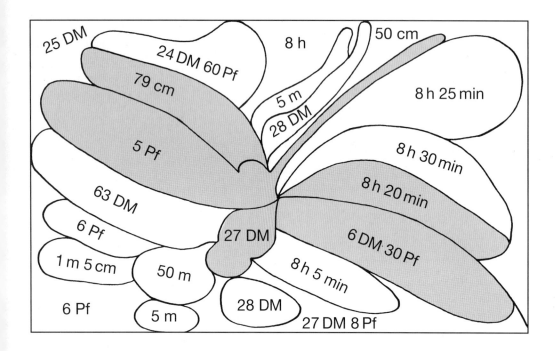

Spielregel:

- Aufgaben lösen und Antworten notieren (Gitterkästchen!).
- Ergebniszahlen im Bildteil aufsuchen und entsprechende Felder mit einer Farbe (Bleistift) anmalen.
- Selbstkontrolle: Bild (Umriss).
- Tipp: Durch Vergleich mit ausliegendem Lösungsblatt wird die Kontrolle sicherer.

Sachaufgaben (Stück, Geld, Länge, Zeit)

1. Satz	2. Satz	Frage	Lösung ohne Benennung
Frau Krampe hebt 90 € von der Bank ab.	Erst um 15.05 Uhr trifft sie beim Zahnarzt ein.	Um wie viel Minuten hat sie sich verspätet?	13
Brigitte ist für 14.45 Uhr zum Zahnarzt bestellt.	Täglich raucht er 4 Stück davon.	Um welche Weite hat sich Jörg verbessert?	7
Herr Mittelmann kauft am Wochenende 28 Zigarren.	In den ersten 2 Monaten ist er um 13 cm gewachsen.	Wie viel kosten die Bälle?	18
Beim Weitsprung kam Jörg im ersten Sprung auf 3,43 m.	Im zweiten Sprung erreicht er eine Weite von 3,56 m.	Über wie viel Taschengeld kann sie im Monat verfügen?	10
Ursel erhält von ihren Eltern 7,50 € Taschengeld.	Frau Meier kauft für ihre Kinder gleich 5 Stück.	Für wie viel Tage wird sein Vorrat reichen?	20
Sonderangebot: 1 Gummiball nur 8,– €!	Ihre Oma gibt noch 2,50 € dazu.	Wie viel von dem Geld bleibt ihr noch übrig?	35
Berts junger Hund war bei der Geburt nur 29 cm lang (von der Schwanzspitze zur Schnauze).	Davon muss sie 72 € für ihren Einkauf bezahlen.	Wie lang ist er jetzt?	42
			40

Lösungen:

1. Satz	2. Satz	Frage	Lösung ohne Benennung
Frau Krampe hebt 90 € von der Bank ab. ①	Erst um 15.05 Uhr trifft sie beim Zahnarzt ein. ②	Um wie viel Minuten hat sie sich verspätet? ②	13 ④
Brigitte ist für 14.45 Uhr zum Zahnarzt bestellt. ②	Täglich raucht er 4 Stück davon. ③	Um welche Weite hat sich Jörg verbessert? ④	7 ③
Herr Mittelmann kauft am Wochenende 28 Zigarren. ③	In den ersten 2 Monaten ist er um 13 cm gewachsen. ⑦	Wie viel kosten die Bälle? ⑥	18 ①
Beim Weitsprung kam Jörg im ersten Sprung auf 3,43 m. ④	Im zweiten Sprung erreicht er eine Weite von 3,56 m. ④	Über wie viel Taschengeld kann sie im Monat verfügen? ⑤	10 ⑤
Ursel erhält von ihren Eltern 7,50 € Taschengeld. ⑤	Frau Meier kauft für ihre Kinder gleich 5 Stück. ⑥	Für wie viel Tage wird sein Vorrat reichen? ③	20 ②
Sonderangebot: 1 Gummiball nur 8,– €! ⑥	Ihre Oma gibt noch 2,50 € dazu. ⑤	Wie viel von dem Geld bleibt ihr noch übrig? ①	42 ⑦
Berts junger Hund war bei der Geburt nur 29 cm lang (von der Schwanzspitze zur Schnauze). ⑦	Davon muss sie 72 € für ihren Einkauf bezahlen. ①	Wie lang ist er jetzt? ⑦	40 ⑥
			Kontrollzahl: 35

Spielregel:

- Einen Satz aus der ersten Spalte mit einem passenden Satz aus der zweiten Spalte und der passenden Frage so kombinieren, dass eine sinnvolle Textaufgabe entsteht.
- Aufgabe ausrechnen und mit den Lösungszahlen in der rechten Spalte vergleichen.
- Selbstkontrolle: passende Lösungszahl in der rechten Spalte, eine Kontrollzahl bleibt unbenutzt.
- Tipp: Aufgabentexte und Rechnungen im Heft notieren lassen.

Sachaufgaben (Stück, Geld, Länge, Zeit)

1. Satz	2. Satz	Frage	Lösung ohne Benennung
Frau Krampe hebt 90 DM von der Bank ab.	Erst um 15.05 Uhr trifft sie beim Zahnarzt ein.	Um wie viel Minuten hat sie sich verspätet?	13
Brigitte ist für 14.45 Uhr zum Zahnarzt bestellt.	Täglich raucht er 4 Stück davon.	Um welche Weite hat sich Jörg verbessert?	7
Herr Mittelmann kauft am Wochenende 28 Zigarren.	In den ersten 2 Monaten ist er um 13 cm gewachsen.	Wie viel Kosten die Bälle?	18
Beim Weitsprung kam Jörg im ersten Sprung auf 3,43 m.	Im zweiten Sprung erreicht er eine Weite von 3,56 m.	Über wie viel Taschengeld kann sie im Monat verfügen?	10
Ursel erhält von ihren Eltern 7,50 DM Taschengeld.	Frau Meier kauft für ihre Kinder gleich 5 Stück.	Für wie viel Tage wird sein Vorrat reichen?	20
Sonderangebot: 1 Gummiball nur 8,– DM!	Ihre Oma gibt noch 2,50 DM dazu.	Wie viel von dem Geld bleibt ihr noch übrig?	35
Berts junger Hund war bei der Geburt nur 29 cm lang (von der Schwanzspitze zur Schnauze).	Davon muss sie 72 DM für ihren Einkauf bezahlen.	Wie lang ist er jetzt?	42
			40

Lösungen:

1. Satz	2. Satz	Frage	Lösung ohne Benennung
Frau Krampe hebt 90 DM von der Bank ab. ①	Erst um 15.05 Uhr trifft sie beim Zahnarzt ein. ②	Um wie viel Minuten hat sie sich verspätet? ②	13 ④
Brigitte ist für 14.45 Uhr zum Zahnarzt bestellt. ②	Täglich raucht er 4 Stück davon. ③	Um welche Weite hat sich Jörg verbessert? ④	7 ③
Herr Mittelmann kauft am Wochenende 28 Zigarren. ③	In den ersten 2 Monaten ist er um 13 cm gewachsen. ⑦	Wie viel Kosten die Bälle? ⑥	18 ①
Beim Weitsprung kam Jörg im ersten Sprung auf 3,43 m. ④	Im zweiten Sprung erreicht er eine Weite von 3,56 m. ④	Über wie viel Taschengeld kann sie im Monat verfügen? ⑤	10 ⑤
Ursel erhält von ihren Eltern 7,50 DM Taschengeld. ⑤	Frau Meier kauft für ihre Kinder gleich 5 Stück. ⑥	Für wie viel Tage wird sein Vorrat reichen? ③	20 ②
Sonderangebot: 1 Gummiball nur 8,– DM! ⑥	Ihre Oma gibt noch 2,50 DM dazu. ⑤	Wie viel von dem Geld bleibt ihr noch übrig? ①	42 ⑦
Berts junger Hund war bei der Geburt nur 29 cm lang (von der Schwanzspitze zur Schnauze). ⑦	Davon muss sie 72 DM für ihren Einkauf bezahlen. ①	Wie lang ist er jetzt? ⑦	40 ⑥
			Kontrollzahl: 35

Spielregel:

- Einen Satz aus der ersten Spalte mit einem passenden Satz aus der zweiten Spalte und der passenden Frage so kombinieren, dass eine sinnvolle Textaufgabe entsteht.
- Aufgabe ausrechnen und mit den Lösungszahlen in der rechten Spalte vergleichen.
- Selbstkontrolle: passende Lösungszahl in der rechten Spalte, eine Kontrollzahl bleibt unbenutzt.
- Tipp: Aufgabentexte und Rechnungen im Heft notieren lassen.

Rechenspaß mit Rechenspielen – Mathematik leicht gemacht

Krampe/Mittelmann
Rechenspiele für die Klasse 1
Kopiervorlagen
Best.-Nr. **3112**

Krampe/Mittelmann
Rechenspaß im Zirkus
17 Rechenübungsspiele zum Zehnerübergang
Spiele auf Karton, vierfarbig
Best.-Nr. **2332**

Krampe/Mittelmann
Schülergerechter Mathematikunterricht in den Klassen 1/2
Erprobte Entwürfe und Beispiele. 192 Seiten. Kartoniert
Best.-Nr. **1456**

Krampe/Mittelmann
Schülergerechter Mathematikunterricht in den Klassen 3/4
Erprobte Entwürfe und Beispiele. 224 Seiten. Kartoniert
Best.-Nr. **1476**

Krampe/Mittelmann
Rechenspiele für die Klasse 2
Kopiervorlagen
Best.-Nr. **3113**

Krampe/Mittelmann
Rechenübungsspiele zum Zehnerübergang für die Klassen 1 und 2
Mit 50 Kopiervorlagen
Best.-Nr. **1937**

Krampe/Mittelmann
Rechenübungsspiele zum 1×1
Mit 50 Kopiervorlagen
Best.-Nr. **1938**

Krampe/Mittelmann
Rechenspiele für die Klasse 4
Kopiervorlagen
Best.-Nr. **2924**

Krampe/Mittelmann
Rechenspiele für die Klasse 3
Kopiervorlagen
Best.-Nr. **2935**

Rechnen Sie mit uns!

Die mathematischen Spielesammlungen von Auer garantieren Spaß, Motivation und schnelle Lernerfolge beim Rechnen.

Die Bände „Schülergerechter Mathematikunterricht" bieten praxiserprobte Unterrichtsbeispiele und viele wertvolle Tipps für Ihre Unterrichtsgestaltung.

Auer Verlag GmbH

Postfach 1152, 86601 Donauwörth, Telefon 0906/73-2 40
August-Bebel-Straße 43, 04275 Leipzig, Telefon 0341/3 02 62 70
Westenhellweg 126, 44137 Dortmund, Telefon 0231/14 50 65

Rechenspaß mit Rechenspielen – Mathematik leicht gemacht

Krampe/Mittelmann
Rechenübungsspiele zur schriftlichen Addition und Subtraktion
Mit 50 Kopiervorlagen
Best.-Nr. **2009**

Krampe/Mittelmann
Rechenübungsspiele zur Addition und Subtraktion bis 100
Mit 50 Kopiervorlagen
Best.-Nr. **2151**

Krampe/Mittelmann
Rechenübungsspiele zur mündlichen Addition und Subtraktion bis 1000
Mit 50 Kopiervorlagen
Best.-Nr. **2248**

Krampe/Mittelmann
Neue Rechenspiele für die Klasse 5
Mit 50 Kopiervorlagen
Best.-Nr. **2765**

Krampe/Mittelmann
Rechenspiele für die Klasse 5
Mit 54 Kopiervorlagen
Best.-Nr. **1780**

Krampe/Mittelmann
Rechenspiele für die Klasse 6
Mit 50 Kopiervorlagen
Best.-Nr. **1820**

Krampe/Mittelmann
Rechenspiele für die Klasse 7
Mit 50 Kopiervorlagen
Best.-Nr. **1886**

Krampe/Mittelmann
Schülergerechter Mathematikunterricht in den Klassen 5/6
208 Seiten. Kartoniert
Best.-Nr. **1377**

Auer BESTELL-COUPON Auer

Ja, bitte senden Sie mir/uns

___ Expl. _____
___ Expl. _____
___ Expl. _____
___ Expl. _____
___ Expl. _____
___ Expl. _____

mit Rechnung zu.

Bitte kopieren und einsenden an:

**Auer Versandbuchhandlung
Postfach 11 52
86601 Donauwörth**

Meine Anschrift lautet:

_____
Name/Vorname

_____
Straße

_____
PLZ/Ort

_____
Datum/Unterschrift

Rund um die Uhr bequem bestellen unter:
Telefon: 0180/5 34 36 17
Fax: 0906/7 31 77

Spielend lernen im Deutschunterricht

Krampe/Mittelmann
Rechtschreibspiele für die Klasse 2
50 Kopiervorlagen zum Grundwortschatz
Best.-Nr. **2903**

Krampe/Mittelmann
Rechtschreibspiele für die Klasse 3
50 Kopiervorlagen zum Grundwortschatz
Best.-Nr. **2904**

Krampe/Mittelmann
Rechtschreibspiele für die Klasse 4
50 Kopiervorlagen zum Grundwortschatz
Best.-Nr. **2065**

Krampe/Mittelmann
Rechtschreibspiele ab Klasse 5
50 Kopiervorlagen zum Sichern und Erweitern des Grundwortschatzes
Best.-Nr. **3024**

Krampe/Mittelmann
Grammatikspiele für die Klassen 5/6
50 Kopiervorlagen zur Sprachbetrachtung
Best.-Nr. **2355**

Krampe/Mittelmann
Grammatikspiele für die Klassen 3/4
50 Kopiervorlagen zur Sprachbetrachtung
Best.-Nr. **2325**

Krampe/Mittelmann
Grammatikübungsspiele für die Klasse 2
30 Kopiervorlagen zur Sprachbetrachtung
Best.-Nr. **2429**

Die Kopiervorlagen zu zentralen Rechtschreibproblemen erleichtern die Unterrichtsvorbereitungen des Lehrers, fördern das selbstständige Arbeiten und festigen die Rechtschreibsicherheit.

Motivierende Übungen für ein konsequentes Training zum Aufbau von Sicherheit beim Umgang mit sprachlichen Formen.

Auer Verlag GmbH

Postfach 1152, 86601 Donauwörth, Telefon 0906/73-2 40
August-Bebel-Straße 43, 04275 Leipzig, Telefon 0341/3 02 62 70
Westenhellweg 126, 44137 Dortmund, Telefon 0231/14 50 65

Das Übungsprogramm zum Grundwortschatz

Sirch-Erdogan/Heinz/Stöckinger/von Wyschetzki

Mein Grundwortschatz in Wochennachschriften

Ausgabe S (Süd)
Übungsheft in **neuer Rechtschreibung**

Lateinische Ausgangsschrift

2. Jahrgangsstufe
72 Seiten, DIN A 4 — Best.-Nr. **2905**
Lehrerheft — Best.-Nr. **1395**
3. Jahrgangsstufe
68 Seiten, DIN A 4 — Best.-Nr. **2906**
Lehrerheft — Best.-Nr. **1520**
4. Jahrgangsstufe
72 Seiten, DIN A 4 — Best.-Nr. **2907**
Lehrerheft — Best.-Nr. **1642**

Sirch-Erdogan/Heinz/Stöckinger/von Wyschetzki

Mein Grundwortschatz in Wochennachschriften

Ausgabe N (Nord)
Übungsheft in **neuer Rechtschreibung**

Lateinische Ausgangsschrift

2. Jahrgangsstufe
64 Seiten, DIN A 4 — Best.-Nr. **2908**
3. Jahrgangsstufe
64 Seiten, DIN A 4 — Best.-Nr. **2909**
4. Jahrgangsstufe
68 Seiten, DIN A 4 — Best.-Nr. **2910**

Vereinfachte Ausgangsschrift

2. Jahrgangsstufe
64 Seiten, DIN A 4 — Best.-Nr. **2911**
3. Jahrgangsstufe
64 Seiten, DIN A 4 — Best.-Nr. **2912**
4. Jahrgangsstufe
68 Seiten, DIN A 4 — Best.-Nr. **2913**

Lehrerhefte für **alle Ausgaben** „Mein Grundwortschatz in Wochennachschriften" (Ausgabe N)

2. Jahrgangsstufe, 16 Seiten — Best.-Nr. **1625**
3. Jahrgangsstufe, 16 Seiten — Best.-Nr. **1663**
4. Jahrgangsstufe, 16 Seiten — Best.-Nr. **1712**

Sirch-Erdogan/Heinz/Stöckinger/von Wyschetzki

Mein Grundwortschatz in Wochennachschriften

Ausgabe O (Ost)
Übungsheft in **neuer Rechtschreibung**

Die Arbeitshefte helfen dem Schüler, mit der Zeit möglichst viele Wörter richtig zu schreiben. In die Wortschatzliste können alle Lernwörter alphabetisch eingetragen und mit Hilfe eines Strichrätsels kann eine Geheimschrift entschlüsselt werden. Der Grundwortschatz wird durch viele Kreuzworträtsel, Spiele und Malsegmente aufgelockert und ermöglicht ein schnelles Erlernen desselben.

Schulausgangsschrift 1968

2. Jahrgangsstufe
64 Seiten, DIN A 4 — Best.-Nr. **3118**
3. Jahrgangsstufe
64 Seiten, DIN A 4 — Best.-Nr. **3119**
4. Jahrgangsstufe
64 Seiten, DIN A 4 — Best.-Nr. **3120**

Auer — BESTELL-COUPON — Auer

Ja, bitte senden Sie mir/uns

___ Expl. _____
___ Expl. _____
___ Expl. _____
___ Expl. _____
___ Expl. _____
___ Expl. _____

mit Rechnung zu.

Rund um die Uhr bequem bestellen unter:
Telefon: 0180/5 34 36 17
Fax: 0906/7 31 77

Bitte kopieren und einsenden an:

Auer Versandbuchhandlung
Postfach 11 52
86601 Donauwörth

Meine Anschrift lautet:

Name/Vorname

Straße

PLZ/Ort

Datum/Unterschrift